Maryse Ligdamis

LA CREATIVITE EST L'OR DE LA VIE

© 2021, Maryse Ligdamis

Édition : BoD - Books on Demand
12-14 rond-point des Champs-Élysées, 75008 Paris
Impression: BoD - Books on Demand, Norderstedt, Allemagne

Couverture : Louna Ligdamis

ISBN : 9782322397204
Dépôt légal : Novembre 2021

Et si vous partiez à la conquête de vos talents cachés ?

DU MÊME AUTEUR,

Mes mots de vie, BoD, 2012

A la croisée de nos choix, BoD, 2014

Je dédie ce livre à la merveilleuse étoile de ma spiritualité…
Puisse-t-elle briller toujours plus fort pour m'éclairer!

Roi du Monde
Force discrète et puissante
Au cœur si généreux
Pour embellir nos destinées
Comme une empreinte indélébile
Ton nom restera l'écho qui résonnera à jamais
Comme le Témoin majestueux qui veille sur nos vies désormais
Gardien et protecteur, tu nous enveloppes de tes ailes d'Amour
Tel l'astre qui luit, tu illumines nos cœurs
Pour nous bercer et pour nous guider
Dans ta Paix infinie

Aide-nous à travers l'expressivité
A co-créer le Monde dans le respect de la liberté
Du mouvement de la vie
Pour l'offrir en partage
En le remplissant de belles couleurs

Reçois du fond du cœur
Ma gratitude infinie …

Maryse

A ma petite Famille, mon point d'appui sacré,

mon cocon, mon inspiration, ma vie.

Je vous aime mes Amours...

Textes de Maryse Ligdamis

©Tous droits réservés

Avant-propos

Osez réveiller votre talent intérieur!

Au cœur de chaque être humain sommeille une part de sa personnalité inexplorée. Partir à la rencontre de cette terre sauvage et fertile au fond de soi, c'est voyager dans cet ailleurs inconnu, jusqu'à devenir l'aventurier de son intériorité pour y cueillir le plus précieux des trésors : sa créativité.

La créativité, c'est l'or de notre Monde ! Mieux vous connaître en apprenant de vous, c'est laisser émerger votre talent, celui qui s'illumine pour donner d'autres lumières à votre vie quand résonnent profondément les vibrations de votre inspiration.
C'est ainsi que vous transformez la page blanche de votre existence en une page de création de soi, donnant naissance au plus beau des albums qui sera orné de vos expériences uniques, photographiées à la lueur de votre force intérieure.
Ce livre que vous tenez entre vos mains est destiné à vous faire prendre conscience de la nécessité de répondre à l'invitation qui vous appelle au plus profond de vous, pour vous aider à devenir qui vous êtes vraiment, en laissant s'exprimer en grand votre talent personnel caché, celui qui s'érige à partir du socle de votre authenticité, quand vous apprenez à mieux vous aimer et que vous avez davantage confiance en vos capacités. Il est là pour vous motiver à chaque instant pour créer la vie qui vous ressemble!

Comment répondre à cet appel?

Dans ce livre, je vous invite à mieux comprendre cette force de création qui vous anime et que vous ignorez encore, afin d'apprendre à en faire un axe d'épanouissement dans votre vie pour prendre enfin votre vraie place, en donnant libre cours à votre talent, en faisant ce que vous aimez, pour être plus heureux. Il deviendra le moteur de tous vos projets de vie.

Cet ouvrage, que vous allez découvrir, est brodé au fil d'or précieux de l'amour de soi qui s'enroule et se déroule pour vous guider à travers les flux de vos élans intérieurs et pour vous pousser à suivre les impulsions qui vous mènent à vos aspirations. C'est dans votre corps que vous puiserez ces jaillissements, en apprenant à le placer comme une boussole, au centre de tous vos rapports à la vie. Il vous chantera alors la plus belle des partitions, celle de votre âme ancrée et enracinée, qui à travers vos intuitions vous accompagnera dans sa danse passionnée.

C'est à partir de cette connexion à votre unité corporelle et psychique que vous pourrez vous avancer librement pour aller à la rencontre merveilleuse avec le Monde, pour l'embellir, pour le radoucir, pour l'apaiser en lui offrant avec reconnaissance vos pépites intérieures et ainsi le faire rayonner de votre singularité.

En choisissant d'écrire votre histoire à l'encre sacrée et intarissable de votre intimité créative et créatrice, vous pourrez savourer une relation plus équilibrée avec l'extérieur. Plus vous vous approprierez la vie comme un espace infini d'expression de soi, plus cela vous permettra de cultiver votre art de vivre comme une philosophie. Vous laisserez alors une trace indélébile de votre Présence chaleureuse et vivante aux autres et au Monde.

En chacun de vous, se trouve cette voie d'accès à ce merveilleux potentiel humain qui comme une signature vous représente, pour vous faire devenir co-créateur de votre vie. C'est à la force de cette ambition et de cette inspiration que se forme la formidable chaîne qui relie chaque être humain au Cœur de l'humanité, dans lequel s'inscrit chaque œuvre personnelle qui sera ensuite offerte en héritage au Monde et à son universalité.

Ecoutez ce qui vibre en vous, ce qui résonne au plus profond de vous, ce qui s'exprime malgré vous. Et libérez vos talents cachés! Il est grand temps de réveiller votre créativité. Osez-vous libérer pour briller de mille feux ! Faites danser votre corps d'or et laissez-le vous ouvrir la voie sacrée!

Ce livre sera illustré de fragments poétiques et de réflexions profondes sur le sens de la vie pour vous prouver à quel point il est important de transformer cet « or » qui sommeille dans votre corps, en alliage précieux. Ainsi, vous le ferez resplendir dans la plus belle des parures, celle de votre destinée, pour sublimer votre identité, grâce à l'éclat de votre liberté d'être pour exister…
A la recherche de votre trésor intérieur, au cœur de votre inspiration, donnez-vous ce droit de croire en la force de vos rêves et de vos passions! Et signez votre vie de votre plus belle empreinte indélébile, celle de votre identité singulière, originale et unique. Il est temps de vous connaître et de vous reconnaître à travers cette expressivité qui n'appartient qu'à vous!

Vous devez répondre « présent » à cette mission qui vous engagera à ne pas passer à côté de votre réelle implication dans votre vie : celle de vous laisser porter par votre expressivité pour devenir un canal de transmission et de communication, de cette conscience collective nécessaire, qui doit pousser l'être humain à être chaque jour le héros de sa vie, en ouvrant la porte au merveilleux qui est en lui, pour aider les autres à leur tour à en faire de même !
Participez à redonner à notre Monde toutes ses couleurs, cueillez dans votre créativité, l'énergie de la vie et de l'amour pour la faire circuler et pour l'offrir aux autres! Apprenez à vivre plus grand ! Donnez une chance à votre présent sans regret du passé et sans être préoccupé par votre avenir. Redémarrer votre vie en la créant avec la baguette magique de vos intentions! Habitez cet espace qui vous entoure, animé du sentiment de puissance intérieure en vous faisant davantage confiance.

Le goût de soi rend pleinement vivant et apaise les tourments les plus difficiles! Lorsque vous vous connectez au flux de cette énergie de vie, tout devient plus simple à vivre!

Fragment poétique

Ton Corps est ta Terre d'or

Ton corps d'or brille dans le silence ...
Ecoute-le. Nul besoin de parler.
Juste en fermant les yeux.
Percevoir ses accords dans la lumière de sa vérité!
Devenir son rythme, sa respiration.
Percevoir ses vibrations.
Suivre ses impulsions.

Ton corps d'or s'illumine de mille pensées.
Quand tu sais mieux t'aimer!
Il s'anime pour te ranimer.
Il rallume ses étoiles pour te sublimer.
Il devient ton coffre aux mille secrets.
Ta poésie s'écrit à l'encre de ses sensations.
Ferme les yeux, ressens-le!

Ton corps est ta Divinité.
Il est ton temple sacré, honore-le!
Apprends à le célébrer.
En portant sa couronne avec fierté!
Transforme l'or de ton corps.
Cette alchimie qui te nourrit.

Plonge et rejoins ta Muse dans ton intériorité.
Pour enfin incarner ta beauté.
En laissant parler ta créativité.
Elle sera les ailes de tes plus beaux projets!
Ton corps d'or scintille pour t'élever.
Il te transforme en créateur de ta destinée.
Suis son élan et deviens le magicien de ta vie !

Réflexions sur la vie

Devenir créateur de sa vie

Au petit matin, toujours le même refrain qui freine notre entrain
Nos pensées nous agrippent dans son flux insensé
On perd pied, on se lance dans sa course acharnée
On suit comme automatisé ses intentions déguisées
On se lève comme dominé par cette agitation effrénée
Qui nous hypnotise jusqu'à perdre sa maîtrise
On oublie de vivre le moment présent qui se fige
On s'apprête à passer la journée et à faire de la haute-voltige

Et si on créait notre vie différemment, en reprenant le contrôle?
Et si on apprenait à penser autrement et à ne plus jouer de rôle?

Au crépuscule de sa vie, tout défile, on ne peut plus rien changer
On regarde dans l'entrebâillement de la porte de ses souvenirs
Et on apprend à compter les heures perdues sans rire
Combien de matins chagrins et de soirs désespoirs
Combien de secondes passées sans jamais les voir
Combien de minutes trempées dans du café noir
Amertume et rancune se côtoient au rang des infortunes
Tristesse et regret de n'avoir jamais décroché la lune

Que sont devenus tous ces instants remplis de rêves?
Quand la sève des arbres mouillait allègrement nos idées?
Quand la pluie de nos projets traçait mille sillons dorés?
Qu'avons-nous fait de ces élans et de ces envies de briller?

Lentement et insidieusement, les pensées ont rongé chaque parcelle de notre être
Impuissant, nous avons laissé s'installer l'inertie dans nos veines pour disparaître

Et si on recommençait à bâtir des châteaux en Espagne?
Et si on refaisait le monde à la lueur de nouvelles étincelles?
Et si, et si et seulement si, on remplaçait nos soupirs par des sourires?

En redevenant l'artiste de nos tableaux de vie
En revêtant notre tenue de lumière et de rubis
Pour nous imprégner de notre magie créatrice
Celle qui tapisse notre inspiration de ses délices
Et chaque coin et recoin de notre potentialité à renaître
Pour ne jamais disparaître, en se laissant apparaître !

Quand on suit le mouvement de la vie
Il nous entraîne vers l'inédit
Il devient la Muse de notre expressivité infinie !

Créez votre vie en ouvrant votre cœur et vos pensées changeront de couleur pour vous faire rayonner de toute votre splendeur !

Introduction

Ouvrez la porte pour pénétrer dans votre monde intérieur!

De tout temps, la Terre porte l'Homme, comme une mère porte en son sein, l'enfant qu'elle fait croître, avec tendresse et avec amour, avant de lui donner la vie pour le voir naître puis grandir. La Terre fait ainsi inlassablement germer de ses entrailles des graines en devenir: celle du talent humain, la motivation à travers la passion.

Certaines personnes feront fructifier ce don en le cultivant naturellement, alors que d'autres au contraire, le laisseront inexploité sans jamais avoir eu la possibilité de le rencontrer. Certains individus toucheront à cette part essentielle de manière spontanée, en écoutant sa résonance alors que d'autres ne goûteront jamais à ce plaisir divin de se créer soi-même, puisqu'ils resteront à jamais, à distance d'eux-mêmes. Les peurs et les doutes les feront hésiter, jusqu'à enfouir cette part si précieuse de leur personnalité, au fond d'eux comme un trésor caché et un secret inavouable, indisponible dans leur vie. Ils vivront dans l'inertie de ne jamais pouvoir s'incarner vraiment, sans se douter du pouvoir illimité de cette puissance en eux!

L'Or de votre Corps réside dans cette intarissable fertilité des potentialités humaines, qui nourrissent depuis toujours le monde. Depuis des siècles, la créativité universelle n'a de cesse de mener les hommes et les femmes vers de nouveaux horizons avec des perspectives plus élargies, grâce à la mise en action de ce qui anime perpétuellement la vie sur Terre, à partir de chaque individualité. Il est par conséquent absolument nécessaire d'aller à la découverte des pépites que recèle l'être humain, ce qui le pousse à vouloir décrocher la lune, à conquérir des espaces inédits, à déployer des envies, à innover, à inventer, pour se laisser être en toute liberté. L'expressivité est le fondement même de notre humanité.

Je conçois par conséquent ce livre comme un formidable hymne dédié à la création de soi, destiné à toutes les personnes prisonnières de leur inertie et à celles qui ont envie de s'épanouir pleinement, en allant à la conquête de leur élan créateur, pour reprendre goût à leur existence, pour se réconcilier avec elles-mêmes en plongeant au cœur de leur Coeur de vie, pour y extraire des ressources et pour rayonner de la lueur éclatante de leur force intérieure.

Plus vous suivrez ce chemin qui vous conduira vers cet art du vivant, ce cadeau extrêmement rare que vous avez la chance de posséder en vous, plus vous apprendrez à y trouver du réconfort et de la chaleur. La créativité pourra devenir comme un exutoire qui vous permettra de triompher fièrement de toutes les épreuves, en réussissant à les transformer de manière magique, en des merveilleux défis de la vie, pour ne jamais sortir de cette puissance en action qui vous rend maître de vous, en toutes circonstances.

C'est la définition de ce qu'on appelle « être présent à l'instant et à soi-même», pour vivre en étant en contact avec ce mouvement perpétuel de la vie, dans son flux permanent, pour en faire un appui nécessaire à la créativité qui est disponible à l'intérieur de vous, quand vous y prêtez une attention plus soutenue.

Ce livre vous guidera donc vers les étapes de votre cheminement intérieur, pour vous mettre en route vers votre expressivité personnelle et ainsi apprendre à devenir plus attentif à ce qui se passe au fond de vous, pour cueillir et pour accueillir ce qui pétille et grandit en vous. Juste apprendre à le percevoir pour ensuite l'incarner et en faire votre projet de vie.

Dans le monde actuel bousculé par les sollicitations de toutes sortes, vous oubliez souvent de tourner votre regard vers l'intérieur. Revenir à vous, tout simplement, c'est donc un apprentissage indispensable pour être plus fort, plus solide, plus stable. Et c'est à partir de ce sentiment de soi, profond et ancré, que vous créerez un rapport différent, plus doux et plus exquis à votre vie, jusqu'à faire croître un lien plus authentique avec les autres...

Conte poétique

Le vilain petit canard ou comment aimer sa singularité?

Connaissez-vous l'histoire du vilain petit canard?
Et si on la revisitait le temps d'un texte…
Étrange, me direz-vous pour ce petit canard de se sentir habillé de ce plumage noir de jais au milieu de tous ces canetons jaunes qui resplendissaient comme la lumière du soleil ?
Pourtant on ne voyait que lui…
Tous les regards s'arrêtaient sur son étrange singularité.
Il symbolisait le mystère de la Nature.
Ou le génie d'avoir invité dans cette famille de canetons un étrange rejeton pour leur donner cette leçon…
La question n'était pas de savoir s'il était plus laid que ses compagnons
Mais d'élucider cette énigme d'un caneton trempé dans l'encre de chine!
Ne dit-on pas que le noir est la couleur de l'élégance?
Dame Nature avait peut-être fait preuve d'un peu d'insouciance?
Pour varier au fil des saisons des mêmes mélodies et des mêmes chansons
Si on s'amusait un peu s'était-elle dit pour changer de ton?
La beauté conjugue toutes les variétés
Et si on déclinait d'autres façons d'exister?
Brisons les convenances et égayons le tableau de quelques nuances !
Mais elle ne savait pas que la méchanceté avait un visage cruel
Que la différence brisait parfois les ailes
Quand elle vit l'air éploré du petit ébouriffé
Elle comprit ce qu'il endurait
Naître au milieu des autres qui se croient si parfaits !
Qu'ils en oublient leur destinée…
Même si elle s'amusait de l'air choqué voire terrifié de tous ses congénères
Elle voulait faire rêver le petit être perdu dans cette sphère
Alors elle l'emmena au bord d'un lac où dansaient de belles plumes

Dans un sublime ballet, elles tournoyaient pour célébrer la confiance
et la bonté malgré la brume
Le petit canard noir se remplit d'espoir
Et si moi aussi je devenais à mon tour une star ?
Il se mit à virevolter aussi vite qu'il le pouvait
Il tourna, il tourna et finit par s'envoler
Là-haut, tout là-haut où règne la magie
Et lorsqu'il redescendit, tout était embelli
Le soleil avait un éclat plus doré
Les oiseaux chantaient d'un air égayé
Tout semblait harmonieux
Il se posa délicatement et se sentit métamorphosé
De magnifiques plumes blanches recouvraient son corps disgracieux
Sur sa tête brillait une couronne d'or
Alors il sentit son cœur se gonfler d'amour
Il s'approcha de sa famille et il leur dit:
« Même si vous ne m'avez jamais compris, je vous aime »
Car je suis la douceur que vous ne savez pas voir dans votre cœur
Je suis la tendresse de votre regard sur le monde
Je suis la gratitude infinie que vous devez avoir en la vie
Même si j'ai grandi seul, vous avez eu la chance d'être unis
Alors préférez le jour à la nuit et sortez de vos soucis
Je ne vous en veux pas, grâce à vous j'ai appris
Que la misère est avant tout dans le manque d'amour
Qu'il peut rendre le cœur noir et faire perdre sa lumière au soleil
Que parfois il suffit de contempler d'autres merveilles
Et d'apprendre ainsi juste à s'aimer en retour
Pour changer les couleurs du ciel
Approchez-vous de moi et plongeons ensemble dans cette aquarelle
Nous voilà multicolores et tous universels
Les teintes de la vie sont plurielles et bien plus jolies ainsi
Quand on cultive la grâce éternelle, tout nous sourit...

Vous aussi, aimez votre singularité, c'est la vraie richesse de votre authenticité d'être. Ouvrez votre cœur pour apporter au monde d'autres nuances qui l'embelliront : goûtez à la liberté d'exister...!

> « *Il est grand temps de rallumer les étoiles.* »
> **Guillaume Apollinaire**

Chapitre 1: « Marysette »: Comment j'ai rencontré ma propre créativité: le Pouvoir de l'écriture!

Esquisse d'une balade enchantée

Je dessine sur la page l'image d'une petite fille sage qui observe le monde avec ses messages.
Elle touche avec ses mains l'être humain et son destin.
Elle écoute la vie qui n'est plus l'ennui mais l'animation d'un immense espace où tout se réunifie.
Elle découvre dans les couleurs, toutes les tonalités qui colorent son cœur.
Elle voit en elle un parchemin qui se déroule pour dévoiler tant de vérités.
Elle n'a qu'un seul souhait vous mener vers la meilleure part de vous-même qui ne demande qu'à s'exprimer.
Elle vous invite, cher lecteur à ce merveilleux voyage à la rencontre de votre intériorité, cette part endormie qui a envie de vous apprendre la vie!
Embarquez avec votre enfant intérieur pour plonger au cœur de vous-même afin d'y puiser l'élan pour prendre votre envol vers une destination inconnue votre Terre d'Or, terreau du Monde.
Ecrivez l'Histoire de votre vie en lettres d'Or celles qui s'esquissent depuis votre créativité retrouvée.
Lancez-vous à la découverte de vos talents personnels, l'or de votre corps, la source de votre inspiration.
Mettez tous vos sens au service de votre éveil intérieur pour faire émerger le pouvoir de vous motiver.

Baladez-vous dans vos sentiers intimes et riches en tonalités de la vie. C'est la meilleure façon de vous connaître vraiment pour vous laisser apparaître dans votre présence plus sensorielle!

Je me souviens de cette tendre époque qu'était mon enfance. De nature très introvertie, je me suis toujours isolée volontairement pour m'amuser en solitaire, à rêver en imaginant mon petit monde peuplé de personnages fantasques qui se promenaient dans les forêts de mots que j'inventais pour eux. Même si on ne comprenait pas forcément, mon besoin de m'accorder du temps, seule et loin de l'agitation pour me retrouver, c'est naturellement que ces habitudes se sont installées. J'adorais cette bulle qui protégeait mon hypersensibilité de la maladresse inconsciente des autres!

C'est ainsi que j'ai appris à auto-créer ma vie et à prendre du plaisir dans ce qui n'appartenait qu'à moi. Chaque jour, j'utilisais mon imagination pour m'inventer ce qui me manquait ou ce qui me faisait envie. Je décollais de la réalité pour m'envoler vers un univers qui me correspondait davantage sans brutalité et sans agitation, propice au rêve et à la douceur, dans le respect de ma propre liberté. J'apprenais ainsi à grandir à travers le regard que je posais sur ma propre créativité.

Très vite, ces petites histoires prirent forme à travers des contes que j'écrivais dès mon plus jeune âge, c'était pour moi à chaque fois, un moment magique, surtout lorsque je jouais en solitaire à partager ces récits, comme si raconter des histoires était au final une façon d'exister autrement.

De même, l'exercice de la rédaction en cours de français au collège, était pour moi à la fois un plaisir et un outil efficace pour vaincre ma grande timidité, en me laissant aller dans la fluidité de mon écriture, avec pour seule intention de narrer une histoire qui prenait vie, grâce à l'association magique des mots, qui se posaient sur la page dans l'élan de mon inspiration. Les mots étaient mes amis, ils savaient m'écouter et exprimer mes ressentis, mon imagination était libre et sans limite.

Je compris alors que je pouvais compter sur mon aisance à l'écrit comme un point d'appui essentiel dans ma vie. Je pus ainsi apprendre à me découvrir dans l'expérience de l'écriture, sans barrière, sans frein. J'étais fière de ce merveilleux espace de liberté qui se donnait, pour m'aider à compenser ce qui me faisait défaut, dans mon existence quotidienne et qui était parfois source de mal-être.

J'aimais écrire et je n'avais pas besoin de trop parler, je n'aimais pas vraiment ça! Les mots parlaient à ma place. Dans ma tête, ils se racontaient et je n'avais pas besoin de les dire, ils se posaient en toute facilité sur la page. Lire et écrire, c'était la respiration fondamentale de mon être. C'est dans cette cadence savoureuse que je m'enrichissais de mille mots dans les dictionnaires et de mille phrases dans les livres que je dévorais à perdre haleine.

Les mots, c'étaient des jeux qui me ravissaient: aligner les lettres les unes après les autres, former des mots, les déformer. Faire sonner ensemble les sonorités et voir naître sur la page des mélodies de mots. J'aime les mots et c'est de l'enfance qu'est née cette curiosité passionnée. Mon rêve, c'était de tous les connaître: *des mots, des mots, encore plus de mots, toujours plus de mots…pour ne jamais en manquer, ni être à court de mots, mes mots de vie!*

Cette passion, je la gardais secrète dans l'alcôve de mon imaginaire. C'était ma singularité, mon univers personnel, ma manière de voir la vie, à travers le prisme coloré des lettres, comme une magie qui se déposait pour rendre tout plus beau, comme un manège enchanté de mes rêves qui m'emportait dans sa frénésie. Les mots tournaient dans ma tête pour me faire m'envoler au-dessus de la banalité quotidienne de la vie. Avec eux, je pouvais voyager loin de moi-même, des autres, de mes nombreux questionnements intérieurs. Les livres devenaient pour moi comme des paquebots en route vers des voyages fabuleux où les mots montraient leur pouvoir de créer des fictions inédites, de décrire l'inaccessible ou de laisser espérer l'impossible.
J'ai grandi ainsi, n'osant jamais exploiter cette belle créativité qui

bouillonnait en moi et qui ne demandait qu'à se dévoiler. Je choisis de masquer mes désirs et mes aspirations, souvent par pudeur. Je ne trouvais pas la voie de l'épanouissement de mon écriture vers les autres. J'avais trop peur sans doute qu'ils ne comprennent pas l'enjeu que cela pouvait avoir dans ma croissance personnelle et dans mon évolutivité. Les mots nourrissaient mon âme. C'était mon élan et mon moteur de vie!

A vingt ans, je goûtais enfin à mon premier envol hors de cette prison intérieure où se dissimulait ma passion, grâce à l'orientation professionnelle choisie : devenir enseignante. Ce métier s'imposa à moi, naturellement, même si au fond de moi, j'avais rêvé en premier lieu, d'être journaliste pour laisser parler mes mots et les mettre au service d'une cause ou en second lieu, d'être écrivaine pour les voir défiler sur les pages d'un livre et pour raconter des histoires.

Je saisis l'opportunité de devenir professeure de Lettres comme une voie d'accès à moi-même. Ce que j'apprenais au cours de mes études correspondait exactement à ce que j'aimais : lire, écrire, raconter des histoires, jouer et comprendre le rôle des personnages, la force des mots, le pouvoir de dire... Je m'autorisais dans ce monde où les lettres étaient comme des souveraines, de sortir de ma timidité et de me déployer pleinement pour mes élèves. Les mots avaient enfin trouvé un chemin pour être délivrés et pour s'incarner en grand !

Je m'emboitais parfaitement dans ce métier, en accord avec mes intentions de vivre avec mes mots et de respirer à travers eux, comme une seconde peau, une manière différente d'appréhender la vie ! Je peux dire que me former à mon métier d'enseignante, c'était comme une porte qui s'ouvrait vers cette nouvelle vocation. Transmettre mon savoir est devenu pour moi un véritable tremplin qui m' a donné des ailes: la lecture, l'écriture, le théâtre, la poésie se sont assemblés pour former les cordes de mon arc de vie. De belles disciplines au service de mon expressivité personnelle que j'ai plaisir encore aujourd'hui à partager avec mes élèves. Les mots sont au cœur de mon enseignement. J'aime transmettre ce pouvoir des mots, leur fantaisie, leur poésie pour plus de clarté et pour plus d'éloquence. Mes élèves s'enrichissent à mon contact, de ce plaisir puissant de l'écriture pour apprendre à dire et à se dire, pour savoir être, ils construisent ainsi leur personnalité en devenir! C'est parce qu'on sait parler de soi qu'on existe!

A chaque étape importante de ma vie, c'est dans cette merveilleuse source que je puise mon inspiration, pour me laisser porter vers une voie de passage à explorer, pour faire germer mes expériences inédites à travers mes réflexions sur la vie. C'est à travers les enseignements que je récolte que je peux, à mon tour les essaimer sur ma route.

C'est de ce désir d'expressivité qu'a d'ailleurs jailli du fond de mon être, mon premier livre, l'un des plus beaux projets de ma vie, qui m'a aidée à me remettre des problématiques rencontrées à un moment difficile de mon existence. Soudain, les mots se sont posés sur la page comme une aide divine et miraculeuse pour me donner le courage de me relever et de croire en moi.

C'est parce que j'écrivais les souffrances étouffées à l'intérieur de mon être que je me renouvelais à l'extérieur plus solide et plus forte. C'est ainsi qu'est né: *Mes mots de vie,* un recueil de textes poétiques et philosophiques inspirés par le désir de renaître à moi-même.
Puis deux ans plus tard, *A la croisée de nos choix* : un petit guide écrit avant le départ de mon fils aîné pour ses études, pour s'adapter et mieux comprendre les changements dans sa vie, afin de l'accompagner tout au long de sa nouvelle route et de l'aider à vivre positivement son ambition, malgré l'épreuve difficile de la séparation et le parcours à suivre, en gardant toujours à l'esprit, la persévérance et la patience indispensables à la concrétisation de ses rêves.

Aujourd'hui, ce troisième livre _La créativité est l'or de la vie_ rend compte de la magie de la créativité comme moyen d'expressivité intérieure. Il est en partie inspiré par ma petite artiste préférée, ma fille, mon âme sœur, qui sait faire fleurir sa vie grâce à sa créativité. Passionnée par la chanson, elle a fait de son talent personnel, sa force de vie et sa motivation, de chaque instant. Elle sait s'accompagner de manière autonome à chaque étape, en faisant de la chanson, sa bulle enchanteresse pour se laisser vivre ce qui vient, grâce à son expressivité comme axe de réconfort personnel et d'épanouissement, afin de ne jamais faillir face aux obstacles et pour réussir à les traverser avec courage et avec détermination.
Elle m'a démontré plus d'une fois, que lorsqu'on est à un moment difficile de sa vie, avoir un talent, une passion est un soutien indéniable pour s'en sortir fièrement et s'élever.

Ce livre sera donc le témoignage de cet appui disponible et indispensable en chacun de nous, dans notre intériorité, quand nous apprenons à l'écouter, pour mieux vivre au quotidien et pour prendre conscience de l'importance de la créativité, comme remède et comme réalisation possible de nos aspirations et de nos désirs, pour nous redonner goût à la vie, lorsque notre motivation faiblit!

Ne désespérez plus, cherchez en vous, au milieu de vos espoirs perdus, le sens de ce qui se donne pour vous pousser à aller plus loin, pour trouver votre bonheur et pour vous laisser porter par votre plus belle motivation, celle de votre expressivité!
Plongez sans attendre, dans votre palette intérieure et repeignez vos pensées avec des tonalités plus claires, plus gaies, plus douces, plus sensibles et plus créatrices, celles qui vous ressemblent vraiment, pour vous ouvrir le chemin vers vos aspirations!
Chassez le gris de votre esprit et devenez une manifestation incarnée de votre joie de vivre, en donnant à votre vie une nouvelle motivation intérieure!

Spéciale Dédicace

Pour une personne unique, rare et tellement précieuse…Ma Muse!
 # Louna Moon

La Fille de La Lune
Elle est apparue….
Nimbée de poussières d'étoiles
Elle, la fille de la Lune
L'âme de la Terre
Au parfum de roses

Sur son visage, le sourire du Monde
Dans ses yeux, le Cœur de la Nature
Elle, née de deux univers différents
De deux dimensions pourtant au diapason
Elle, la parfaite alchimie
entre l'éclat du Soleil et le mystère de l'astre de Nuit

Dans sa tête tellement de rêves,
Dans ses idées, l'envie de tout réaliser
Elle, née pour devenir la Reine de l'Expressivité
La Déesse de la Créativité

Dans son corps, sommeillent mille trésors
Elle a en elle le plus grand des Arts
La Confiance de créer
Pour s'envoler beaucoup plus haut que le ciel
Plus loin toujours plus loin, là où tout est possible
Elle ouvre des fenêtres sur l'Ailleurs
Elle invente des portes vers l'Infini

En elle, brille sa douce et délicate Sensibilité
L'Or de son être

Celui qu'elle sait offrir chaque jour autour d'elle
Dans sa Présence aux autres, dans son écoute, dans sa tendresse aussi

Si vous ressentez la chaleur de son rayonnement, elle transcendera
De sa magie votre plaisir de l'instant
Elle vous invitera à vous aimer en « Grand »

« #loveyourself #beyourself

Si vous la croisez, célébrez-la dans toute sa grâce infinie car elle est l'Amour pur tout simplement….

N'hésitez pas à la découvrir dans l'expression de son talent personnel sur Youtube : <u>Louna Moon</u> et sur <u>La Créativité est l'or de la vie</u>

Réflexions sur la vie

Vivre d'amour et de poésie

Quand écrire permet de se libérer et de témoigner, pour offrir en partage sa destinée aux yeux du monde, cela devient une philosophie de vie!

Je me suis toujours appuyée inconsciemment sur mon goût de l'écriture pour surmonter des étapes cruciales dans ma vie, je ne donnais à l'époque aucun sens à cette passion de l'écriture. Elle existait et j'en étais fière, je m'y réfugiais comme dans mon petit jardin intérieur secret mais je ne savais pas encore nommer la force qui m'animait.

C'est au fil de la vie, que j'ai compris l'importance de la créativité comme support essentiel. J'ai découvert à chaque épisode douloureux, cette nécessité pour moi de me plonger dans ma passion, pour laisser s'exprimer ce qui se donnait intérieurement, dans la spontanéité de l'instant. Cela agissait à chaque fois comme un baume pour m'apaiser l'âme et pour me guérir de mes blessures!

C'est ce besoin exquis qui jalonne depuis mon histoire personnelle au gré de mes nouveaux projets. C'est cette envie de créer qui brûle en moi comme un feu sacré et qui me fait regarder la vie comme un spectacle en perpétuelle création. Les mots sont guérisseurs!

De plus, il n'y a pas de hasard, j'en suis convaincue! Je veux ici témoigner de la grande chance qui a été pour moi de suivre une formation en *psychopédagogie perceptive méthode Danis Bois*, grâce à Barbara, une formatrice et thérapeute experte en psychopédagogie perceptive, sur l'île de La Réunion. Elle a su m'accompagner tout au long de ce cursus, à comprendre cette méthode extraordinaire qui accorde une place de choix à l'intelligence du corps comme source d'expressivité, de création de soi et comme poésie du vivant.

Ces quatre années de formation et d'accompagnement en psychopédagogie perceptive furent riches en connaissances acquises, et intenses en expériences humaines bouleversantes. J'ai ainsi pu apprendre à développer mon acuité perceptive pour mieux saisir les subtilités du mouvement interne qui anime ma matière. C'est ce qu'on appelle l'intelligence corporelle, cette force qui permet de grandir de ce que l'on vit, en changeant de rapport à ses problématiques! De prises de conscience en passages à l'action, on y acquiert une meilleure conscience de soi, pour développer plus d'authenticité, et pour respecter son identité et sa singularité afin de rester rester fidèle à soi-même.

Découvrir l'essence même de la vie qui nourrit l'âme humaine et qui a son origine au cœur même de l'être, est porteur d'espoir et donne envie de partager en grand, ce que l'on apprend de soi. C'est un accompagnement que je conseille à tous ceux qui souhaitent mieux se connaître, pour avoir une meilleure perception de sa manière d'être, afin d'enrichir son rapport aux autres et au monde. C'est ce qui habille aujourd'hui mon écriture, ce mouvement de vie qui vient résonner en l'autre à la simple lecture de mes mots. C'est ce que je veux offrir à chacun de vous! Cette écriture sensorielle qui vous guidera, je l'espère de tout cœur, vers votre propre expressivité! Mettre des mots sur ce qui vous fait souffrir pour enfin guérir!

Un savoir-faire est un savoir être avec un supplément d'âme qui donne un goût inédit à la vie, un goût de légitimité et de validation de soi. On apprend à se percevoir autrement. Plus on s'autorise à aller au bout d'une passion, plus notre vie s'enrichit de nouveaux horizons et de nouveaux espoirs.

Il me paraît aujourd'hui indispensable de rendre le sens de cette expressivité disponible et accessible pour que cela devienne un véritable art de vivre, en créant de plus en plus ce qui vous ressemble, et pour être plus libre et plus autonome! C'est parce que vous cultivez votre créativité à l'intérieur de vous qu'elle pourra exister à l'extérieur pour déborder vers les autres, en relience à la nature du vivant qui vibre en chacun de vous. Se connecter à soi, c'est donner aussi envie aux autres de devenir curieux d'eux-mêmes, pour partager et pour transmettre ces précieux moments d'intimité remplis de grâce, dans un esprit de solidarité humaine!

Mais comment apprendre à cueillir en soi cette graine de la créativité? Comment faire ensuite pour aller la planter dans ce terreau fertile disponible autour de soi, pour la voir germer, fructifier et fleurir? Comment trouver le courage de vaincre toutes les peurs qui vous bloquent pour aller creuser cette mine d'or et oser l'exploiter pour la laisser s'exprimer ?

Je vous propose dans ce livre qui témoigne de mon expérience, de vous lancer à votre tour à la conquête de votre terre intérieure, pour explorer tout ce qui s'offre à vous au cœur de vous-même, comme voies de passage inédites, comme accès possible pour mieux vous connaître et apprendre à déployer votre créativité. C'est la clé de votre bonheur et de votre plein épanouissement.

Êtes-vous prêt à vivre cette aventure qui va changer votre manière de voir la vie et qui va enfin vous rapprocher de vous-même ?

1.2.3 larguez les amarres et en route pour votre Terre d'Or, une expérience unique à vivre dans votre corps...
Je vous promets le plus beau des voyages qui vous mènera, je l'espère , à goûter à vos talents personnels, à votre motivation cachée au fond de vous ! Laissez-vous renaître à vous-même!
Osez l'ingéniosité! Soyez vous-même! Les autres sont impatients de faire votre connaissance!
Devenez les lumières de ce monde, en faisant briller votre éclat d'être!

Fragment poétique
Voyage, voyage

Viens avec moi découvrir ton monde intérieur
Pas besoin de passeport ni de bagage ni d'avoir peur
Prends juste le temps qu'il te faut, sans te presser
Ferme les yeux et écoute le silence enchanté
Pose-toi dans ton corps, ouvre ta conscience sans méfiance
A la danse de la vie qui coule en toi dans sa puissance
Comme le ruisseau chantant dans un bel après-midi d'été
Comme le bruissement de l'alizé qui bat des ailes pour te caresser
Comme le printemps doré qui s'éclaire de ta nature réveillée
Viens, suis mes pas, fais comme moi.
Suis juste le chemin. Il n'y a plus de peur ni de mystère.
Il n'y a plus de guerre ni de misère. Juste Toi.
Et le mouvement de la vie qui te tend les bras
Pour t'apprendre à aimer cette Terre.
Pour t'apprendre à vivre sans barrière.
Retrouve ton humanité, elle est sacrée.
Sois l'étoile filante de tes rêves
Sois la lune argentée de tes projets
Souris à tes pensées, laisse-les se transformer
Et refléter l'éclat de ton miroir illuminé
Pose ton regard radouci sur le Monde qui resplendit
Quand tu lui offres la chaleur de ton cœur qui rit
Quand tu déploies la confiance de ton âme épanouie
Sois la luciole que tu admires
Sois la force de ton devenir
Sois la petite fée qui exauce tes vœux
Sois les mots qui te rendent heureux
Ta vie, c'est toi qui la nourris
Tu la crées à l'image de ton esprit
Plus tu es serein et apaisé
Plus tu la verras briller pour rayonner
Quand tu apprends à mieux t'aimer
Elle peut alors t'aimer encore plus fort et t'élever...

> *« J'ai toujours aimé le désert.*
> *On s'assoit sur une dune de sable,*
> *on ne voit rien, on n'entend rien.*
> *Et cependant quelque chose*
> *rayonne en silence .»*
> Antoine de Saint-Exupéry

Chapitre 2 : Des tableaux vivants ou l'expression du talent humain

Avant d'aller à la rencontre de vous-même, et si on observait un peu les autres? Tous ces autres qui s'autorisent à vivre de vrais moments de pause de créativité dans leur journée, cela vous aidera à mieux comprendre le sens que je donne au mot « créativité » à travers différents tableaux vivants qui illustrent sa signification plurielle teintée de cette belle motivation qui sous-tend toute passion à travers sa puissance d'agir .

Installé au bord d'un lac tranquille, un pêcheur taquine les poissons en faisant danser sa ligne. Son hameçon ramène de temps à autre, le fruit de ses longues heures de patience. Silencieux, il suit le mouvement de l'eau qui le captive. Son attention est fixée sur ce temps qu'il a choisi de passer à s'adonner à son loisir préféré. Il a l'impression de vivre l'instant présent différemment, son rythme est celui de la nature et c'est ainsi qu'il préfère la vie, connecté à l'énergie créatrice.

Un peu plus loin ailleurs, des mains passionnées remuent avec ardeur la terre encore humide des gouttes de rosée qui perlent, à la pointe de l'aube. Elles sèment des graines dans cet immense champ où cet horticulteur a pris la décision de faire fleurir son existence à travers un métier de passion, un métier qui fait sourire son âme amoureuse de la Nature. Il s'est engagé à une agriculture biologique et saine. Il est en communion avec cet amour du Vivant.

Tout là-haut, perché sur le toit du monde, un artiste-peintre revisite les paysages qui se reflètent dans son regard éperdu, c'est avec un sourire ému qu'il plonge son pinceau dans la palette de couleurs que lui offre ce panorama divin pour voir évoluer son expressivité qui trace sur sa toile les contours de son inspiration : son tableau de vie.

Quelque part, sur une piste d'entraînement, des pieds foulent à toute vitesse le sol qui se déroule, tel un tapis, dans cette course effrénée. L'athlète de haut niveau a le regard projeté vers la ligne d'arrivée. C'est à la sueur de sa persévérance qu'il va remporter son trophée, la récompense de sa Foi en lui-même. Ses larmes de joie témoignent de son plaisir à se dépasser.

Dans son cabinet, des mains expertes et délicates touchent avec douceur et avec chaleur le corps des patients prisonniers de leurs problématiques. Animée de son envie de les libérer pour aller mieux, la thérapeute réussit à réveiller leur sensorialité, grâce à sa grandeur d'âme et à sa générosité d'esprit, elle met du coeur à l'ouvrage, motivée par sa volonté de partager son talent personnel dans une belle réciprocité : sa passion du Sensible. Plus qu'un métier, elle devient la magicienne de leur vie, le temps d'un instant, rempli de grâce pour tous ceux qui se sentent ainsi réconfortés!

Au loin, l'écho d'une belle voix résonne dans le doux silence de la nuit, des écouteurs sur les oreilles, la jeune chanteuse en herbe caresse de son timbre mélodieux un air de musique à la mode. Elle ne connaît pas de plus grand plaisir que celui de vibrer au rythme de la chanson qui l'égaye, c'est à travers sa performance qu'elle a l'impression d'exister pleinement et de surmonter tous ses tourments. Elle défie le monde, elle active son présent, elle ose exister à travers les chansons.

Sous le ciel intense et majestueux de Paris, un jeune étudiant s'enrichit de mille expériences qui lui apprennent à donner vie à ses rêves qui l'ont mené très loin de chez lui. C'est à la force de sa passion qu'il construit l'édifice de son avenir, c'est en puisant dans cette source qui le nourrit qu'il trouve chaque jour l'envie de poursuivre ses aspirations. Pas à pas, il gravit les marches vers ce qu'il a choisi, ancré dans la passion qui l'anime. Il ouvre sa voie vers son épanouissement.

A l'abri des regards dans la chaleur de sa cuisine, un homme cultive le goût de mettre en scène des fruits, des légumes, des épices…, pour les transformer en des mets savoureux et colorés, le temps de la préparation d'un repas alléchant qui réjouira les papilles. Il crée dans l'instant magique de son inspiration, une recette inédite. Il cueillera ensuite son plaisir, dans la joie de voir ses convives, se délecter du charme de ses plats authentiques et délicieux. Il ne cuisine pas, il fait de l'art avec son âme et avec son cœur.

Apaisée, face à la vie, inlassablement cette femme plonge dans son intériorité pour faire éclore sur la page ce qui lui permet de renaître à elle-même. Comme dans un laboratoire, elle dissèque ses émotions et ses sensations chaque jour, pour mieux comprendre l'histoire de l'être humain en observant et en analysant les manières d'être. Elle veut être la styliste de sa vie, celle qui réécrit sa partition, à l'infini. Elle veut offrir au monde ses expériences universelles, la voie de son propre déploiement. Elle recoud ses blessures à l'encre de ses mots.

On pourrait feuilleter encore inlassablement cet album où défilent tous ces talents insoupçonnés, de véritables éclats de vie où chacun a choisi de s'approprier le temps qui passe en laissant parler son expressivité à sa manière artistique, musicale, gastronomique, sportive, professionnelle, culturelle, artisanale, sensible….

Tous sont des témoins de cette force du vivant qui anime l'expressivité à travers ses réalisations diverses et variées: le kaléidoscope du monde et du potentiel humain! C'est à la puissance de notre créativité que l'on devient le maître de notre vie!

Fragment poétique

Ma fée

La créativité est une petite fée qui s'invite dans mon intimité

Elle se pose en moi pour me donner la foi

Elle chatouille de sa plume mes doux émois

Elle est la confidente qui réside en mon jardin secret

Elle libère la douceur qui se répand en moi

Elle ouvre mes yeux sur le monde et ses lois

Elle donne à mon cœur tous les pouvoirs

Elle me permet de voir même quand il fait noir

Elle m'apprend à trouver ma force de vie

Elle me ramène quand je m'enfuis

Elle m'aide à redessiner les traits d'un monde imparfait

Elle me surprend, elle m'émerveille

Au creux d'elle, je ne me sens jamais seule

Elle me nourrit à sa source éternelle

Celle qui jamais ne tarit même quand le ciel est gris

Celle qui sait me raconter ce que parfois on oublie

La créativité ne dort jamais, elle reste éveillée

Elle me confie dans mes rêves ses petits secrets

Elle m'apprend à devenir l'alchimiste du monde

Je crois en elle et elle croit en moi

C'est ainsi qu'elle illumine ma vie

Sans éclat juste entre elle et moi

« *Alors, toi aussi trouve cette petite fée cachée au plus profond de toi et laisse la juste te guider..* »

*"La créativité,
c'est l'intelligence qui s'amuse."*
Albert Einstein

Chapitre 3: La créativité, une récréation en action

La créativité, dans son sens littéral, met en évidence un pouvoir de création, une capacité à réaliser une production à travers une faculté d'invention et d'imagination qui concerne tous les domaines... La « créativité » se définit donc, avant tout comme le plaisir pour une personne de laisser parler ce qui l'anime intérieurement, en s'adonnant à une activité où l'expressivité lui permet de révéler aux autres un talent ou un savoir-faire pour mieux se dévoiler, et aussi se motiver en donnant à sa vie d'autres nuances pour se créer et « se ré-créer » selon ses idées originales et innovantes.

Comme on peut le constater dans les tableaux vivants précédemment évoqués, le point commun est la joie que montrent tous ces êtres humains, à exister autrement et pleinement dans la singularité de leur inventivité et dans le respect de leur nature profonde. A leur manière, ils touchent à leur essence, ce bien précieux qui naît au creux de chacun et qui grâce à l'alchimie entre une personnalité et un art fusionne pour permettre de développer un savoir-faire inédit riche en tonalités différentes.C'est une manière pour eux d'entrer en résonance avec ce qui leur fait du bien dans leur coeur et dans leur âme!

C'est ce qu'on peut appeler *« un talent en or »* qu'il est absolument nécessaire d'apprendre à cultiver, pour ressentir cette envie pétillante et excitante qui circule dans le corps, de la tête aux pieds, à travers des sensations qui amènent à découvrir la profondeur de son être, à travers un plaisir indescriptible d'être en vie et dans l'envie. C'est un moment unique que l'on peut avoir la chance de vivre, si l'on se donne la possibilité d'aller vers ce qui nous tient à cœur pour percevoir ce sentiment puissant d'existence qui dans notre vie nous aide à surmonter les contraintes du quotidien.

Etre animé par une passion quelle qu'elle soit, devient un support de vie qui permet de relativiser ses problèmes en trouvant une manière d'extérioriser ce qui est trop lourd à gérer. C'est la clé du plus rare et du plus précieux des trésors de vie: la création de soi... Cette page blanche qui nous donne accès à nous-mêmes, dans l'art de s'auto-inventer et de se connecter à ce qui nous fait croître dans notre évolutivité personnelle.

De plus, chacun contribue ainsi à la réalisation de l'immense et infinie œuvre d'art perpétuelle qu'est le Monde, qui est en constante évolution puisqu'il met en scène tout le potentiel de créativité disponible chez l'être humain pour permettre aux autres de s'en inspirer. *Plus je crée ma vie, plus je l'offre aux autres.* Nous sommes donc à tous niveaux des artisans ou des artistes bâtisseurs du Monde et de la vie.

C'est de notre singularité que se nourrit l'universalité et c'est dans ses reflets que l'on trouve toujours la lumière qui éclaire nos destinées. Il est nécessaire d'en être conscient pour se lancer le défi d'ouvrir en grand les portes de notre expressivité et de notre liberté d'être...

Abordons, les étapes nécessaires et évolutives qu'il faut suivre pas à pas, pour aller à la rencontre de votre créativité et pour la déployer jusqu'à l'épanouissement de soi...

Elle existe en chaque chose, elle est la plus belle des langues. Elle est là au fond de vous, mais encore faut-il l'apprivoiser et l'aimer! Elle réside dans votre être, c'est un cadeau d'une valeur inestimable disponible, quand on lui prête une attention délicate et soutenue! Vous la voyez grandir sous vos yeux à travers le talent des autres. A vous, à présent de vous lancer à la conquête de votre propre créativité!

Devenez co-créateur de votre vie!

« Ta vie, toi seul la vivras, en es-tu seulement conscient ?»

Pourquoi se restreindre à vivre chaque jour, la version la plus « light » de votre vie ? Pourquoi se contenter de ce qui est limité à vos yeux et uniquement réservé aux autres? Et si vous preniez conscience de votre pouvoir créateur infini?

Lorsqu'on vous parle de créer votre vie, cela vous paraît utopique ! Vous vous dites que si cela était possible, tout le monde le ferait, n'est-ce pas ? Vous doutez de la véracité de cette « soi-disant co-création » et vous abandonnez avant même d'avoir essayé. C'est tellement plus facile, me direz-vous de ne rien faire ? On court moins le risque d'être déçu...
Hélas, dans cette manière de voir les choses, vous venez de fermer l'unique porte qui mène à votre pleine réussite.

Certes, vous pouvez me dire que vous parvenez chaque jour à progresser dans vos buts sans avoir à recourir à cette loi. Pourtant si vous analysiez davantage votre vie, vous verriez tout ce qui pourrait être décuplé par la force de votre esprit et vous finiriez par comprendre le pouvoir « magique » de vos intentions.Devenir co-créateur de votre bonheur, c'est sortir de votre mental limitant pour vous ouvrir en grand aux possibles. Si vous relâchez vos pensées les plus restrictives, vous voyez s'ouvrir un espace immense et inexploité, fait de vos rêves, de vos envies, de vos aspirations.

Pour accéder à cette profondeur et à cette disponibilité, il convient de sortir de vos ruminations négatives et de vous offrir une cure de pensées positives et harmonieuses. Remplacer dans un premier temps les idées noires par des mantras positifs est un jeu auquel vous vous habituerez très vite, tant cela vous aidera à positiver malgré l'obscurité de certaines situations.

Faire preuve de clarté mentale, c'est nettoyer votre esprit de toutes les lourdeurs, de tous les principes qui vous limitent et de tous les habitus contraignants qui vous ferment aux potentialités de la vie.

Certes, vous avez à faire face à votre quotidien qui n'est parfois pas très réjouissant, mais c'est seulement en changeant votre rapport à votre vie, qu'elle pourra s'illuminer de nouvelles perspectives moins sombres et plus propices à votre épanouissement personnel.

Que voulez-vous vraiment au fond de vous?

Ce souhait n'est pas le même chaque jour, pourtant, il y a toujours un point commun : une envie de bonheur, de satisfaction personnelle, un besoin d'une vie plus sereine et plus sécuritaire en accord avec vous-même.
Lorsque vous posez comme intention ce que vous voulez vraiment dans votre vie, vous activez immédiatement le processus de co-création nécessaire à la réalisation de cet objectif. Plus vous lui porterez de l'attention chaque jour, à chaque instant, en faisant confiance au flux du mouvement de la vie, moins vous en limiterez la réalisation. Attention, il ne s'agit pas de vous focaliser sur cette intention, jour et nuit, au risque de la bloquer et de récolter l'effet inverse. Il s'agit plutôt de laisser agir cette pensée en relâchant toute forme de pression, toute anticipation ou toute peur, comme si vous lui ouvrez un chemin.

Offrir vos intentions sans focaliser sur le résultat attendu, c'est permettre de trouver une voie de passage vers le possible en toute confiance. Comme si cela était déjà fait. Quand vous cessez de mettre la pression aux choses en sortant de vos exigences et de vos anticipations, vous arrêtez de vous préoccuper de ce qui n'est pas encore là. Vous laissez venir à vous ce qui sera le plus juste, et le plus favorable à votre situation actuelle.

« Tout ce que je sais, c'est que je ne sais rien ! »

Lorsqu'on admet ne pas contrôler la vie, on prend enfin conscience de la nécessité de sortir du rapport de force qu'on entretient avec elle, pour accueillir ce qui est, et accepter le réel. On n'a plus d'attente, ni de jugement. On laisse se créer ce qui conviendra le mieux à la problématique du moment. Plus vous vous libérez de vos appréhensions, plus l'horizon s'éclaircit. Et advient, ce qui doit advenir... Le pouvoir de vos intentions est puissant et illimité. Cette

co-création de votre vie passe bien évidemment par un lâcher prise total de votre mental omniprésent qui se fondra alors dans une ouverture plus globale de tout votre espace corporel pour vous permettre de vivre l'instant dans la présence à ce qui est.
A chaque fois que l'on se met à ressasser le passé, à se projeter dans le futur, on sort de l'instant présent et on crée plus de complications par cette obsession de vouloir tout contrôler, tout savoir à l'avance et on finit par perdre le but initial.C'est pourquoi la planification de vos objectifs est la clé qui accompagne cette co-création de votre vie. Il n'y a pas de possibles sans visualisation de ce que voulez clairement, précisément avec confiance et avec foi en vous-même.

« Osez vivre votre vie, elle est tellement précieuse... »

Ne laissez à personne ce pouvoir formidable qui est le vôtre. Quand vous lisez des articles sur la co-création de votre vie, c'est déjà un signe de votre envie de passer à l'action. Vous êtes déjà convaincu de ce pouvoir extraordinaire, et vous percevez, comme une nécessité intérieure d'écouter cette petite voix qui vous guide vers ce qui est bon pour vous.

« Il n'y a pas de hasard, alors suivez votre intention ! »

Chaque étape que vous vivez est un pas de plus qui vous mène à la rencontre de votre être intérieur. Vous êtes votre propre guide. Vous avez juste besoin d'être encouragé à aller dans cette direction. Vous êtes sur la bonne voie, plus vos suivez vos intuitions, plus les lumières de votre intériorité éclairent votre parcours de vie. Vous les voyez de plus en plus, lorsque vous vous recentrez sur vous-même dans le silence de votre mental pour écouter votre cœur et quand vous arrêtez de vous dire « non » à vous-même.

Votre vie est à l'image d'un merveilleux livre de la connaissance de soi. Chaque page que vous écrivez résonne dans votre cœur et vous amène à croire en l'impossible...Et si vous acceptiez d'ouvrir votre conscience enfin au succès ? Devenez co-créateur de votre bonheur!

Fragment poétique

Slam pour la vie

Il pleut des parapluies colorés sous le ciel bleu de mes idées
Le monde a envie de ne plus pleurer, il veut juste se protéger
Pour mieux respirer, il veut se cacher, pour ne plus être harcelé
Face à tous ceux qui l'empêchent de rêver, il en a assez d'étouffer
Privé de ce qui pourrait l'élever, il ne veut plus s'enfermer
Il veut juste se réinventer, devenir plus léger et s'envoler

Il pleut des parapluies colorés sous le ciel bleu de mes idées
Le monde a envie de crier, il n'en peut plus d'écouter
Les rumeurs sourdes, les bruits de pensées
De ceux qui ne savent plus comment faire pour exister
Il fuit les insensés, les égarés, il redoute les effets
De leurs actes inconsidérés au nom de la liberté

Il pleut des parapluies colorés sous le ciel bleu de mes idées
Le monde a envie de danser pour chasser la morosité
Juste un peu de gaieté pour ne plus s'emprisonner dans des cages dorées
Juste être éveillés et ne plus se laisser contrôler, par ce flux de toxicité
Il a besoin de souffler un vent de couleurs pour tout renouveler
Et continuer à aimer pour créer et s'amuser

Alors toi, oui toi qui veux voir la vie en grand
Toi qui as envie d'être présent
Alors toi, oui toi qui veux devenir grand
Toi qui as envie de rester vivant
Ouvre ton cœur au monde
Lance-toi dans une ronde
Et aide-le... A se retrouver...
Oui aide-le, à reprendre ses forces pour se redresser
Deviens sa vérité pour réapprendre à aimer.

> *« Pour avoir du talent,*
> *il faut être convaincu qu'on en possède. »*
> *Gustave Flaubert*

Chapitre 4 : A la rencontre de soi *ou comment ne plus passer à côté de son « talent »* ?

1ère étape vers la créativité
Comment aller à la rencontre de son talent de vie ?

Le mot « talent » signifie avant tout une aptitude particulière à faire quelque chose à travers une capacité, un savoir-faire remarquable. Souvent ce mot effraie, on préfère se dire qu'on n'a pas de talent car cela pourrait paraître trop présomptueux, comme si on se vantait soudain d'avoir des capacités exceptionnelles. Du coup, le mot « *talent* » signifie pour beaucoup « *don* » et limite les possibilités.

En effet, cette notion de talent fait souvent apparaître une opposition entre l'inné, le don avec lequel une personne naîtrait, et l'acquis, c'est-à-dire le fait d'apprendre quelque chose qui ensuite deviendrait une passion. Pour moi, cette essence intérieure est plus ou moins développée selon les individus. Il n'y a pas d'opposition entre l'inné et l'acquis.

Chacun voit naître son talent à sa manière, soit dès le plus jeune âge, soit bien plus tardivement. Il n'y a pas de modèle auquel se conformer. Quelqu'un pourrait très bien avoir des prédispositions dès le plus jeune âge et être un vrai petit génie. Quelqu'un d'autre pourrait au contraire développer des capacités exceptionnelles bien plus tard et être un prodige à sa manière, riche de l'expérience de sa vie. Il existe, il est vrai, des cas surprenants, époustouflants, extraordinaires mais il existe aussi toute une pépinière de talents en devenir tout aussi incroyables. Tous ont le mérite d'exister. A mon sens, il n'y a pas d'opposition mais juste une belle complémentarité qu'il faut cultiver. Il y a autant de graines à semer que de fruits à récolter. On peut donc développer un talent à n'importe quel âge, tout dépend de sa sensibilité personnelle et de cette envie qui naît de vouloir l'extérioriser à travers son expressivité.

De plus, il faut savoir que l'être humain peut grandir, vieillir et mourir sans jamais avoir accordé plus de place à cette part pourtant active qui l'anime. Comme si sa vie était passée trop vite sans avoir eu l'occasion de reconnaître en lui cette petite flamme de son authenticité qui demande à s'exprimer.

En se replongeant dans le passé, on s'aperçoit que nos anciens ont pourtant laissé une trace indélébile de ces « petits » savoir-faire hors du commun qui font qu'on se souvient de chaque personne à travers sa singularité. Personne ne peut reproduire à l'identique ce que l'autre faisait à sa manière: on peut par exemple se rappeler les bonnes confitures de sa grand-mère, les gâteaux d'antan, les bons petits plats, des recettes transmises de génération en génération, ou encore les objets confectionnés avec amour et laissés en héritage comme des morceaux d'âme à garder précieusement. Des souvenirs à jamais gravés dans notre cœur et qui témoignent tous de ce talent en or disponible en chacun de nous et qu'on redécouvre parfois uniquement quand ce savoir-faire disparaît avec l'absence de l'autre!

Le défaut majeur de la société actuelle et contemporaine réside souvent dans le fait que les individus se perdent trop souvent dans les nombreuses sollicitations, dictées par l'éducation ou les principes, ils passent trop souvent à côté de tous ces talents qu'ils côtoient sans leur accorder plus d'importance et de valeur. Ce sont pourtant des cadeaux qui sont offerts à chacun, et que l'on ne retrouvera plus, si on ne prend pas le temps un instant de s'arrêter, de s'émerveiller et de les contempler comme une faveur et un grand privilège! La vie passe selon un rythme routinier qui laisse parfois comme un grand vide intérieur. Le temps qui s'enfuit, dépossède chacun petit à petit de sa particularité. La course au pouvoir ou à l'argent finit par laisser un étrange sentiment d'insatisfaction. On ne s'autorise jamais à mener une introspection pour comprendre d'où vient ce sentiment de manque. On préfère continuer indéfiniment à se regarder à travers les yeux de son inertie avec cette impression pourtant d'être dans l'action. Progressivement, cet immobilisme intérieur se révèle à travers la passiveté qui s'empare de votre vie jusqu'à vous mener à l'ennui, à la démotivation, et même dans le pire des cas, vers le gouffre de la maladie. Il n^y a alors aucune ressource pour vous empêcher de sombrer.

Sans un espace personnel déployé, vous vous sentez comme prisonnier de la vie et de ses contraintes, vous cherchez désespérément ailleurs une compensation pour essayer de vous en sortir. Mais de compensations en compensations, vous vous éloignez de vous-même jusqu'à percevoir un sentiment de mal-être comme si vous étiez désincarné, à distance de vous-même et de ce qui vibrait pourtant en vous. Vous finissez par oublier ce petit goût d'excitation intérieure qui avait tellement envie de se développer, à une époque devenue lointaine !

Quelles sont les compensations qui vous font délaisser vos « talents »?

Voici une liste non exhaustive de ce qui peut vous freiner dans votre vie. En prendre conscience, c'est faire un pas en avant, vers soi-même pour se replacer au centre de son rapport à la vie :

- S'inventer une existence artificielle en se laissant tournoyer dans un rapport à la vie centré par exemple sur la consommation de masse comme mode d'existence au détriment du savoir être.
- Considérer avoir bien réussi votre vie, malgré ce sentiment de quelque chose d'inaccompli juste parce que vous ne manquez de rien et que ce schéma de vie vous permet de vous dire que vous paraissez heureux.
- Vivre de manière automatisée en répétant les mêmes gestes machinalement, en suivant le même calendrier perpétuel avec les mêmes fêtes et les mêmes routines ritualisées malgré l'écho

assourdissant d'un mal-être intérieur, sans écouter ce qui pulse au dedans, cette soif de nouveauté nécessaire pour ne pas s'ennuyer avec soi-même!
 - Chercher du réconfort dans des addictions multiples et en abuser en se voilant la face, sans arriver à atteindre ce plaisir pourtant disponible et accessible en soi.
- Avoir peur de l'inconnu qui fait sortir de sa zone de confort.
 - Regarder les autres créer leur vie en déployant leur savoir-faire et les admirer avec une pointe d'envie sans jamais passer à l'action soi-même.
- Se comparer sans arrêt aux autres pour donner du sens à sa vie même si cela fait souffrir.
- Masquer les soubresauts de désirs qui naissent à des moments particuliers sans jamais prendre le temps de les explorer par crainte de ce qui pourrait émerger.
- Laisser sa part d'expressivité inassouvie et vivre avec le goût terrible de ce manque.
- S'entourer toujours des autres ou d'objets matériels pour donner un sens à sa vie pour ne pas voir le néant qui s'ouvre sous ses pieds quand on est seul !
- Vivre dans le déni de soi, de ses aspirations, de ses ambitions!

En fait, pour résumer toutes ces mauvaises compensations, il faut comprendre que lorsque vous êtes en prise avec votre singularité, vos doutes deviennent une barrière, vos peurs une prison, vos résistances aux changements, un gouffre.

Vous allez même jusqu'à faire taire votre petite voix intérieure qui vous incite pourtant à pénétrer plus profondément en vous-même pour mieux vous connaître. C'est dans le noir de vos interdictions que vous ne passez jamais à l'action et que vous préférez laisser de côté votre créativité.

Il est important d'écouter ce que vous voulez vraiment au fond de vous. Il faut accepter de creuser en dessous des couches épaisses qui représentent toutes vos stratégies de vie. Quand l'écho de votre vide intérieur résonne de plus en plus fort comme un appel au changement surtout dans les moments les plus compliqués et les plus difficiles de votre vie, il faut vous résoudre à mettre de côté les compensations!

Pour répondre à cette invitation de la vie, vous aurez besoin peut-être d'une aide extérieure, d'un professionnel, d'un coach par exemple pour faire émerger les prises de conscience nécessaires qui vous permettront de retrouver le sens de votre vie. Ou alors d'un événement dans votre vie qui vous obligera à vous remettre en question et à transformer votre manière de vivre autrement!
Bien au contraire, si vous vous appuyez sur votre talent personnel, cela vous permettra de toujours rester connecté à vos objectifs, de ne pas être à distance de vous-même, de pouvoir en faire comme un exutoire pour vous libérer de vos émotions lourdes et désagréables qui ainsi se métamorphoseront en inspiration pour créer de magnifiques chefs d'œuvre, grâce à la puissance de leur évocation.

Changer d'état d'esprit pour aller à la rencontre de soi est un engagement que l'on prend, pour ne plus jamais vivre sans oser être. Il est impératif que l'être humain s'échappe des barreaux qui l'enferment et qui l'empêchent de goûter à son essentialité. Il mérite de vivre sa vie jusqu'au bout de ses potentialités. Le sentiment d'être soi est un cadeau à s'offrir à soi-même!

Oser être, c'est une philosophie de vie qui permet de percer les ténèbres pour se montrer en pleine lumière, comme on est et comme on naît.

Découvrons donc comment on peut apprendre à auto-créer sa vie pour conjuguer allègrement son expressivité et ne plus jamais rester dans l'inertie ni dans la compensation en développant sa confiance en soi et son estime de soi?...

Réflexions sur la vie

La liberté d'être !

Il est absolument indispensable de revendiquer le droit d'être comme on est et ce dès le plus jeune âge ! Il n'y a pas un seul modèle d'être humain. Tout est dans la nature et c'est à travers cette magnifique diversité que l'on peut coexister, quand chacun respecte l'autre sans empiéter sur son choix de vie.

La singularité, ce n'est pas être différent ! C'est assumer une formidable authenticité où l'on apprend à être totalement libre du regard des autres, des jugements, des attentes en restant tout le temps en accord avec ce que l'on veut vraiment dans sa vie. Lorsqu'on dessine son chemin à sa manière, en accord parfait avec ce que l'on aime et avec qui l'on est, on se choisit et on se respecte totalement, on s'affranchit des règles normées et régies par des principes, des croyances ou des schémas d'éducation souvent dépassés.

- *Quels sont vos goûts réels ?*
- *Qu'est-ce qui résonne vraiment en vous dans la vie que vous menez ?*
- *Êtes-vous totalement libre de vos choix ?*
- *Votre vie vous ressemble-t-elle vraiment ?*
- *Êtes-vous libre au final ?*

Autant de questions qui peuvent vous apporter des éléments de réponse quant à votre liberté d'être.

- *Depuis votre enfance, vous-reconnaissez-vous totalement dans l'image que vous affichez de vous-même ?*
- *Quelle est l'essence profonde de votre vraie personnalité ?*
- *Êtes-vous vraiment en phase avec l'existence que vous menez ?*
- *Qu'est-ce qui vous fait ressentir parfois un sentiment de mal-être ?*

Réussir à répondre sincèrement à ces questions, c'est se rapprocher de soi, c'est franchir enfin la distance que vous mettez entre votre vie et la personne que vous êtes vraiment.

Pourquoi souffrez-vous au fond de vous?

La première raison et à mon sens la plus douloureuse aussi, c'est de vivre avec la difficulté d'être accepté comme on est, et d'essuyer à chaque fois des critiques ou des reproches sur sa manière d'être. Quand on souhaite profondément être libre, on cherche à se libérer du carcan des habitudes qui obligent tout le monde à faire semblant d'être par principe et par convenance. Malheureusement, on se laisse facilement formater par son travail, par sa famille, par sa culture...On devient cet autre que l'on ne reconnaît pas. On se regarde dans le miroir et on voit un inconnu. On perçoit comme une impression d'être un imposteur dans sa propre vie, une personne qui n'est pas honnête avec elle-même car on a peur de se montrer vraiment comme on est pour ne pas être rejeté, on se force à paraître et on oublie d'être et on perd notre propre respect de nous-même !

La société clone inconsciemment les individus, qui se regroupent toujours selon la représentation qu'ils ont de ce qu'ils pensent être la norme. Ils définissent leur propre moule et si quelqu'un ne rentre pas dedans, celui-ci est forcément exclu. Il est considéré comme « différent », donc « anormal » et les autres refusent de voir derrière leur jugement de valeur, la richesse de sa différence.
Lorsqu'on regarde les groupes constitués, il n'est pas rare de constater les mêmes typologies de caractère, de comportements, on préfère parler des affinités. Mais comment sont fabriquées ces prétendues « affinités » ? La définition la plus simple qui résume ce mot « affinité » souligne ce rapport de conformité, de ressemblance obligatoire. Est-ce cela la liberté d'être ? Non ! C'est au contraire aller à l'opposé de ce que l'on revendique comme la valeur humaine la plus importante : la liberté. Plus on s'ouvre aux différences des autres, plus on enrichit toutes les phases de notre humanité.

Devons-nous ressembler aux autres pour être bien vu?

Cette idée même comporte une atteinte à la liberté d'être d'une personne. Depuis l'enfance, on nous enferme dans des rapports de ressemblance qui créent déjà beaucoup de souffrance. Quand on ne ressemble pas aux membres de sa famille physiquement, on est pointé du doigt comme si on était un intrus.
Les comparaisons entre frère et sœur viennent ensuite poursuivre cet enfer du « qui est le plus beau ? Qui est le plus intelligent ? Qui est le plus grand ou le plus petit ? Qui va réussir avant l'autre ? » ….
Autant de signes avant-coureur d'une mauvaise relation qu'on crée inconsciemment chez l'enfant dans son rapport aux autres et à lui-même jusqu'à provoquer son mal-être.

Ne serait-il pas plus sain et plus constructif de laisser chaque enfant être comme il est, sans le contraindre à devenir comme « papa » ou comme « maman » ?

Développer le goût de soi chez un enfant passe par une acceptation de qui il est profondément dans son individualité. C'est l'aider à se réconcilier parfois avec une image qu'il peut avoir du mal à accepter surtout à l'âge de l'adolescence. C'est surtout développer sa confiance en lui-même comme une base solide de sa personnalité en devenir. Il n'est pas comme « papa » ou comme « maman »…, on lui apprend plutôt à être comme il voudrait être ! Il est important pour sa croissance et son évolutivité qu'il ne s'enracine pas dans ce mal-être mais qu'il trouve grâce à l'accompagnement parental son chemin vers lui-même et vers son authenticité d'être.

Lorsqu'on empêche un enfant d'être libre dans sa singularité, on en fait un adulte qui souffrira forcément dans sa relation aux autres car il ne réussira jamais à trouver cette place qui lui appartient vraiment. Comment pourra-t-il bien vivre au sein des groupes si au fond de lui, il ne se reconnaît pas dans son identité propre ? Il se fabriquera finalement une image qui sera très loin de sa nature profonde. Il se conformera aux attentes de ses parents et de la société et ressentira tôt ou tard cette insatisfaction qui demeurera au fond de lui cachée et qui finira irrémédiablement par exploser au grand jour et par générer des conflits et des tensions !

Comment guérir de ce sentiment de « non- être »?

Cela peut être très long et provoquer beaucoup de souffrances. Lorsqu'on ne sent pas à sa juste place, rien ne nous convient vraiment. On cherche des compensations. On essaie de trouver sa place. On éprouve des difficultés relationnelles. On est sans arrêt sur la défensive. On ne réussit pas à se faire respecter car on ne se respecte pas soi-même. On joue comme un rôle! Mais sommes-nous nés pour être le comédien de notre vie?

Pour votre épanouissement personnel, il faut vous donner la possibilité de partir à la conquête de vous-même. C'est vous honorer vraiment que de vous offrir enfin le droit d'être qui vous voulez.

Se guérir de ce mal à être, c'est prendre la voie vers ce qui vous mène à votre authenticité en faisant s'il le faut, un travail d'introspection accompagné par un professionnel, et en vous libérant totalement de ce qui ne vous ressemble pas.

C'est vous donner la chance d'exister enfin, comme si vous étiez de retour à la maison après une longue absence pour vous retrouver enfin derrière toutes ces illusions d'être. Le chemin est très long et très confrontant et ceux qui autour de vous, vous interdisent cette liberté peuvent se dresser contre cette idée et entrer en résistance pour vous empêcher de sortir de leur emprise. Mais vous êtes né pour être libre et vous devez vous réapproprier en conscience ce droit d'être libre pour ne plus souffrir !

Perdre le sens de sa vie, c'est mener une existence qui ne vous ressemble pas. Personne n'a le droit de décider de ce qui est bon pour vous. Il faut prendre le pouvoir et tenir vos propres rênes en devenant enfin votre vrai « vous » pour sortir rapidement de la problématique d'incompréhension qui va accompagner inévitablement ce sentiment de mal-être.

- *Combien de personnes se sentent incomprises des autres?*
- *Que souhaitent-elles réellement au fond d'elles-mêmes?*
- *Qu'est-ce qui les conduit à vivre un tel décalage?*
- *Quelles étiquettes les empêchent d'être elles-mêmes?*
- *Comment peuvent-elles les arracher définitivement?*
- *Quelles décisions doivent-elles prendre?*

Renaître à soi est la solution

Quand vous apprenez par exemple grâce à la méditation à développer la présence à soi pour mieux vous connaître, vous vous transformez au contact de votre mouvement naturel de vie. Vous abolissez la distance qui vous sépare de votre authenticité. Vous trouvez le chemin vers vous-même. Vous vous reconnectez à votre origine. Vous vous donnez la chance de pouvoir exister autrement parce que vous vous rencontrez enfin dans toutes les parts jusque là ignorées de vous-même. Vous osez plus, vous vous libérez, vous changez de regard sur la vie, vous vous découvrez à travers d'autres motivations, d'autres curiosités et vous décidez d'exister pleinement! Vous goûtez à ce sentiment d'être soi et vous ne pouvez plus vous en passer !

Le droit d'être, ne se négocie pas, c'est une liberté qui vous appartient, c'est à vous de la prendre. Soyez libre et authentique pour trouver ce bonheur d'être qui est le vôtre, c'est la seule loi naturelle de la vie! Votre unité, c'est votre totalité retrouvée !

Fragment poétique

En mouvement

Comme un cerf-volant, je me déploie au vent
Je glisse en avant lentement, je défie le temps
Comme un cerf-volant, je me mets en mouvement
Je crée l'instant, je prends de l'élan

Comme un cerf-volant, je passe à travers les nuages
Je trouve une voie de passage pas si sage
Comme un cerf-volant, je garde le cap
J'affronte les étapes, je suis « cap' ou pas cap? »

Comme un cerf-volant, je fais briller mes couleurs
Je prends de la hauteur au-dessus de mes peurs
Comme un cerf-volant, je bouge mes humeurs
Je danse et je virevolte dans toute ma splendeur

Comme un cerf-volant, je m'amuse et je me surprends
Je deviens ma muse pour écrire mon présent
Comme un cerf-volant, je me laisser porter par l'instant
Je dérive, je suis ivre, plus besoin de se contrôler tout le temps

Comme un cerf-volant, je n'ai plus d'emprise sur la vie
Je lui fais confiance, je lui souris et je cultive mes envies
Comme un cerf-volant, je me déroule et je vole
Je lâche prise, je suis le guide et je décolle

Comme un cerf-volant, je fais le tour du monde
Je voyage, je découvre et j'explore, à chaque seconde
Comme un cerf-volant, je monte et je descends
Je m'adapte à tous les changements

Comme un cerf-volant, je vais à droite et à gauche, j'attends
Je visite le haut puis le bas, je suis le mouvement

*Comme un cerf-volant, j'avance et je recule, inlassablement
Je marque le point d'appui du temps en suspens*

*Comme un cerf-volant, je me sens vivant
Je vibre cet accord qui me rend aimant
Comme un cerf-volant, je domine tous les éléments
J'épouse le mouvement, tout part et arrive en même temps*

*Si on apprend à être en mouvement
On devient aussi attrayant qu'un beau cerf-volant
Alors stop à l'inertie, il est temps de se mettre en action maintenant
Pour bouger vos émotions, pour oser devenir votre Présent...*

> « Quand on rentre en soi-même,
> on s'aperçoit qu'on possède exactement
> ce que l'on désirait. »
> Simone Weil

Chapitre 5: La confiance en soi, "*c'est l'expression de l'œuvre d'art que vous avez tous en vous!*"

2ème étape vers la créativité

Pour déployer votre expressivité, il est important de commencer par travailler la confiance en soi pour oser incarner ce qui vous anime au fond de vous, quand vous n'avez plus peur de devenir visible et d'apparaître au grand jour dans votre singularité.

Qu'est-ce que cela signifie avoir confiance en soi?

Il s'agit avant tout de faire preuve d'assurance, d'audace, de hardiesse, de courage en prenant conscience de la valeur que vous avez à vos propres yeux!
Ce n'est pas un sentiment magique qui fait que vous vous sentez bien naturellement dans votre peau mais une attitude de l'esprit et du corps que vous devez apprendre à développer pour construire solidement cette confiance en soi pas à pas, selon votre personnalité ou votre histoire de vie.

En fait, la confiance en soi se définit comme un sentiment de plénitude que l'on ressent et qui fait que l'on bouge dans notre vie à partir de cette motivation inspirante, habité d'un fort sentiment d'être en phase avec soi-même comme une sensation d'emboitement et d'accordage avec tout ce qui va déclencher notre plaisir d'être pour exister et revaloriser notre estime de soi.

Comment atteindre cet état de globalité et de complétude qui va permettre à chacun de se mettre en action pleinement et avec tout de soi?

Avoir confiance en soi, c'est se réveiller chaque matin en se sentant en parfaite harmonie avec soi-même, avec ce qui est, comme on est et tel qu'on est, dans une parfaite acceptation, rempli de cet amour de soi qui nous fait vibrer inconditionnellement.

Comment faire pour y arriver?

Cela commence le jour où vous cessez de donner aux autres le rôle de gâcher votre vie, en voulant leur plaire à tout prix au détriment de vos priorités ou en les laissant devenir votre juge ou votre bourreau.

Lorsque vous reprenez les rênes de votre existence, vous lâchez la pression que vous vous mettez et vous cessez de vous faire du mal. Vous apprenez à mieux vous connaître, à vous respecter et à vous aimer. Vous n'avez plus peur de vous tromper et vous apprenez de vos erreurs sans rougir!

Parfois, on ne s'en rend pas compte, on peut devenir son propre ennemi. A vouloir être trop exigeant, on se malmène, on se met une pression inutile dans une attitude trop volontariste qui nous rend au contraire rigide et fermé aux autres. Le perfectionnisme excessif nuit au bien-être!

Plus vous lâchez prise sur vos exigences, plus un espace se libère à l'intérieur de vous et vous pouvez accueillir la vie en grand, comme elle vient, en lui faisant confiance totalement sans prise de tête. C'est en cultivant à l'intérieur de soi une stabilité et une solidité d'accueil à toute épreuve que la confiance s'active et se renouvelle.

De plus, lorsqu'on agit en accord total avec ce qui est, on se sent plus fort pour affronter l'adversité. Ce qui mène à ce sentiment de puissance, n'est rien de plus que l'amour que l'on se porte à soi-même. On n'arrête de chercher à l'extérieur ce qui doit nous rendre fort, on comprend que c'est à l'intérieur de nous que se trouve le joyau de notre confiance en nous-même, l'amour de soi.

Il faut donc commencer par évaluer cet amour qui n'est ni égoïsme, ni narcissisme. Il faut surtout passer par l'étape de validation de soi pour s'autoriser pleinement à exister...

Lorsque vous trouvez en vous le plaisir d'exprimer un talent, il n'y a plus aucune ombre à l'horizon, vous vivez ensoleillé de votre inspiration et c'est ainsi que vous apprenez à créer votre vie pour qu'elle vous ressemble trait pour trait.

Qu'est-ce que cela signifie: s'aimer vraiment?

S'aimer, c'est percevoir en soi, un sentiment d'amour bienveillant qui émerge de la profondeur de votre intériorité pour vous toucher dans votre cœur. C'est la tendresse que vous ressentez pour vous-même, lorsque vous pensez aux défauts de votre personnalité ou aux chaos de votre parcours de vie, en vous disant pour vous excuser : *« j'ai fait de mon mieux ! »*.

C'est cette manière que l'on a de s'enlacer de l'intérieur pour se réconforter lorsque tout va mal. C'est un amour doux, délicat, tendre et inconditionnel que l'on éprouve à tout moment et qu'on doit faire perdurer, un véritable défi de toute une vie. C'est enfin ce formidable sentiment de fierté d'être soi malgré tout, ce délicieux sentiment d'exister comme on est. C'est ce qu'on appelle l'amour de soi qui vient renforcer l'estime de soi.

Qu'est-ce que l'estime de soi?

L'estime de soi se définit par l'appréciation positive et valorisante que l'on a de soi-même et le respect et la considération que l'on se porte.

En fait l'auto-estime, c'est la valeur que l'on se donne, elle est ainsi distincte de l'égo. Il n'y a pas d'orgueil ni de sentiment de supériorité! C'est ce qui fait que l'on se sent important pour soi-même en se plaçant au centre de ses décisions, en délimitant clairement notre espace personnel. On est seul à savoir ce qui est vraiment bon pour nous et qui l'on veut autoriser à pénétrer ce lieu si intime qui nous appartient pleinement.

Avoir une bonne estime de soi, c'est aussi se considérer comme son meilleur ami, son meilleur confident pour devenir son meilleur guide en toute autonomie. Personne ne peut vraiment jouer ce rôle à votre place, car qui vous connaît mieux que vous-même?

De plus, lorsqu'on reste maître de sa vie, on acquiert une confiance en soi décuplée car on ne baisse plus les yeux devant les autres. On sait ce que l'on vaut, ce que l'on veut. Notre valeur pour nous-même ne se compte plus à travers l'opinion des autres mais s'évalue en sensations agréables que l'on ressent intérieurement à chaque succès, à chaque réussite. Cette chaleur et cet élan d'amour intérieur font qu'on est fier de soi et on les laisse innonder notre vie et nos relations.

Enfin, plus on apprend à se respecter soi-même dans ses choix, plus on arrête de demander aux autres de le faire à notre place, c'est en s'aimant soi-même profondément et inconditionnellement, qu'on apprend ensuite à aimer les autres simplement et délicieusement sans attente. C'est ce pur sentiment d'amour qui nous remplit et déborde alors dans un courant de confiance en soi abondant, régénérant qui va nous porter vers ce qui nous anime totalement.

C'est de ce sentiment de plénitude que jaillit l'élan créatif, une envie de marquer la vie de votre empreinte et de partager avec l'autre bien plus que votre présence, votre amour de la vie à travers la subtilité de votre particularité. Cette singularité se verra comme un brin de créativité qui signera votre passage à chaque fois, dans n'importe quel geste ou n'importe quel acte comme une manière de célébrer la vie autrement, avec votre petite touche personnelle tellement unique remplie de fantaisie et de poésie du vivant. C'est ainsi que vous vous démarquerez des autres comme quelqu'un de fabuleux et d'exceptionnel par votre originalité et par votre présence réelle aux autres.

L'Or de la créativité, c'est ce joyau qui brille à l'intérieur de chaque être humain et qui rayonne au-delà de lui-même pour ensemencer les autres de son doux plaisir d'être. Le regard des autres n'est plus vécu comme un jugement mais comme une invitation à être la meilleure version de soi. Plus besoin de paraître, juste se laisser être. Et c'est ainsi que jaillissent alors des impulsions pour créer et agrandir ce nouvel espace dont on aura besoin pour se déployer, on ne vit plus de manière limitée, fermée, et en soi-même mais on ouvre des perspectives plus amples pour faire grandir sa force de croissance, le nouvel axe de son épanouissement.

C'est dans l'exemple de celui qui fait grandir son expressivité que se reflète aussi celle des autres. C'est un terreau fertile pour autrui, une invitation à cultiver son jardin intérieur pour donner envie à tous ceux qui le désirent d'aller vers le même accomplissement.

En effet, combien de fois avez-vous admiré un tableau, un poème, une œuvre d'art, un film…?
Combien de fois avez-vous contemplé ce que des petites mains ont su confectionner avec passion ?
Combien de fois vous êtes-vous arrêté pour photographier un monument ou un bâtiment où l'architecture était à couper le souffle?
Combien de fois vous êtes-vous demandé comment ils avaient fait tous ceux qui avaient laissé leur talent éclater au grand jour pour entrer dans la postérité en créant de tels chefs-d'œuvre ?

Bien sûr, tout cela paraît tellement impossible, rare et unique. Mais un jour, peut-être aurez-vous la chance par hasard de côtoyer un être talentueux qui vous livrera son secret : « *la vraie magie, c'est de laisser parler sa créativité sans barrière, sans limitation ni exigence en totale confiance avec soi.* »

Cela nous appartient donc à tous, n'est-ce pas, cette magie créatrice déployée totalement? Quand on découvre que l'expressivité est disponible en chacun de soi, on choisit de parler une autre langue, tout simplement qui s'exprime de manière différente et exceptionnelle dans la plénitude qu'on s'accorde à être et à incarner.

Lorsqu'on se replonge dans l'Histoire, demeure un patrimoine prestigieux du talent humain. Avant même les technologies les plus pointues, c'est dans les siècles passés que l'on le voit le mieux les fruits de l'ingéniosité humaine : des talents architecturaux, littéraires, philosophiques, artistiques … qui nous ont laissé un héritage colossal du savoir-faire de l'être humain : *de l'or à l'état pur*.

Ce mouvement créateur est infini et il continue à porter le monde dans lequel nous vivons. Des idées de génie naissent à chaque seconde. La vie est un processus en perpétuelle création et en interaction continue. Son flux ne cesse jamais pour notre plus grand bonheur.Chacun peut donc y trouver sa place, nous nous devons de poursuivre ce chef d'œuvre qu'est le monde.

Oui, vous êtes des artistes de votre vie! Il n'y a pas de petit talent. Il faut arrêter de vous sous-estimer et juste vous sentir en phase avec cet élan qui vous habite et qui ne demande qu'à être exploité pour vous porter vers le meilleur de vous-même. C'est dans la chaleur qui se diffuse en vous, que vous ressentirez cette puissance de votre confiance en la vie qui deviendra progressivement votre confiance en vous-même.

"*Nous sommes tous des petits colibris, à l'échelle du monde!*"

Après cette étape de la découverte de soi indispensable dans la créativité, il convient de rendre plus solide cette confiance en soi, en allant à la conquête de votre motivation immanente, le moteur d'action le plus puissant qui se trouve en vous!

Réflexions sur la vie

"L'estime de soi est le moteur de la confiance en soi!"

L'estime de soi, c'est un jugement très subjectif que vous avez et que vous portez sur vous-même, qui est parfois très dur car se déprécier est toujours plus facile que de se valoriser. Cette manière de vous traiter est bien évidemment éloignée de la réalité tant vos exigences envers vous-même sont déplacées.
Quand on s'estime, on apprend à faire preuve d'auto-compassion à son égard, comme on est capable de le faire quand il s'agit de quelqu'un d'autre. Il vous faut donc apprendre à vous manifester une attention plus bienveillante.
Ne vous laissez plus tyrannisé par cette petite voix mentale qui agite votre dialogue intérieur, et qui vous confronte sans cesse à vos manques, à vos doutes, à vos limitations, à vos imperfections. Arrêtez de subir cette maltraitance envers vous-même. Vous dévaloriser, c'est laisser aux autres un espace pour vous malmener en écho à cette vibration négative que vous avez en vous-même.

Que pouvez-vous faire pour vous-même quand tout va mal autour de vous?

Peut-être déjà reconnaître que ce qui vous arrive n'est pas obligatoirement de votre culpabilité. En regardant la situation sous différents angles et avec plus de tendresse à votre égard, vous comprendrez que la vie est parfois remplie de moments où vous perdez le contrôle de ce qui se passe à cause du comportement des autres, ce qui vous perturbe au point de vous déstabiliser. Bien sûr, il faut apprendre à garder votre calme intérieur et à ne pas vous laisser emporter par ces turbulences extérieures mais quand cela vous arrive, il est humain de vous autoriser un temps d'hésitation et de recul. Il est impératif par la suite de faire très rapidement la part des choses, pour ne pas laisser stagner ce qui vous fait mal. Agir, c'est rendre à chacun sa responsabilité sans vous accabler davantage. C'est à ce moment-là que vous reconnaissez la valeur précieuse que vous vous donnez. L'observation et l'accueil sont deux postures qui vous permettront très vite de revenir à votre estime de soi sans penser que ce qui vous arrive vient de vos faiblesses. Mettre de côté les jugements négatifs à votre égard, c'est réapprendre à vivre avec toutes vos potentialités.

« Ne laissez à personne le droit de vous affaiblir »

Vous méritez tout ce qu'il y a de meilleur ! Encore vous faut-il l'accepter et le valider. Si vous vous placez systématiquement après les autres, ce n'est pas par gentillesse ou par politesse, c'est parce que vous avez une faible estime de vous-même. Vous êtes votre priorité et le reconnaître c'est voir augmenter votre valeur, jour après jour. Plus vous vous donnerez le droit d'exister et d'être visible, plus les autres vous verront apparaître et cesseront de vouloir diminuer votre importance. D'ailleurs, une distance s'impose face à ceux qui veulent vous faire vous sentir tout petit. Cela signifie qu'ils n'ont pas d'estime suffisante à votre égard pour vous considérer à votre juste valeur, ils ne méritent pas votre présence !

Qui peut s'autoriser à décider de la valeur de quelqu'un d'autre? »

Ce type de comportement concerne souvent des personnes qui ont un égo surdimensionné, à un point tel que pour se faire bien voir, et surtout se faire remarquer, elles n'hésitent pas à écraser les autres de leur domination, elles pensent davantage avec leur tête qu'avec leur coeur. Là encore, ce type d'individu a besoin de se redonner de la valeur car quand on a une estime de soi harmonieuse et réelle, on n'a pas besoin d'imposer cette attitude aux autres. Ce complexe de « supériorité » cache un mal-être profond qui masque la vraie personnalité de celui qui a besoin d'occuper toute la place pour se sentir bien et qui finit par faire du mal aux autres en agissant ainsi !

« Vous devez reprendre votre plein pouvoir en osant briller de mille feux ! »

Plus votre lumière intérieure sera intense car vous aurez appris à prendre soin de vous-même en rallumant votre flamme, plus vous décuplerez votre potentiel illimité et ainsi votre estime de soi sera revalorisée. C'est pour vous-même que vous existez ! Votre vie est la représentation sacrée de qui vous êtes, il est important de rester votre propre maître ! Il n'y a personne au dessus de vous pour vous faire ressentir ni souffrance ni rejet ! Ne donnez ce pouvoir à quiconque !

Qu'est-ce qui changerait dans votre vie si vous faisiez preuve de plus de gentillesse à votre égard?

Prendre conscience de la place que vous vous donnez à vous-même, c'est pouvoir mieux comprendre ce qui pourrait changer si vous redoriez votre propre blason intérieur. Quand votre voix intérieure se met à vous critiquer dans votre tête, faites taire ce manque d'amour envers vous-même en remplaçant immédiatement tous les reproches par des compliments sincères. Apprenez à voir vos qualités pour vous respecter davantage! Cessez de vouloir plaire aux autres à tout prix ! Vous vous regarderez alors intérieurement avec plus de goût et avec plus de joie en reconnaissant enfin vos vraies valeurs, vous deviendrez ainsi un être puissant et animé d'un désir de vivre plus grand. C'est pour vous que vous vivez, donnez-vous cette chance !

Apprenez à changer votre regard sur vous-même

Bien souvent, au gré de la vie, vous cherchez toujours à l'extérieur ce qui pourrait vous convenir le plus, à travers une terrible course effrénée contre la vie qui vous mène à bout de souffle et au bout de vos éternelles insatisfactions.
Puis, vous vous arrêtez épuisé et agacé, vous vous remettez alors en question comme si vous doutiez de votre capacité à combler le vide immense de vos idéaux. Vous vous reprochez vos faiblesses, et vous regardez autour de vous pour voir comment font les autres. Alors, vous imaginez derrière votre filtre mental, qu'ils ont tous trouvé la recette magique et qu'ils sont tous très heureux, à part vous.
Un beau jour, enfin le voile de brume se lève, le brouillard s'estompe

et apparaît dans la clarté de votre esprit, la leçon qui émerge : « *rien ne sert de courir après la vie, il faut juste la laisser s'exprimer dans la valeur que vous vous donnez pour créer votre sentiment d'exister* ». Le bonheur n'est plus alors un concept ni une chanson, vous prenez conscience qu'il est juste là derrière votre petit cœur qui bat de joie quand vous vous éveillez à la vie, quand vous souriez à ce qui est présent, à ce qui vous appartient vraiment : votre droit de vous aimer! Cette place indispensable que vous devez vous accorder à vous-même pour accueillir la vie dans la gratitude et dans la confiance.

Vous découvrez alors que le bonheur, c'est avant tout la valeur que vous donnez à votre être, à votre personnalité en accord avec votre constitution physique, avec votre caractère, dans votre pleine authenticité. Il ne s'agit pas de vous forcer à changer totalement mais de vous transformer au contact du vivant qui est en vous pour apprendre à accepter qui vous êtes, tel que vous êtes et surtout à être en accord avec vous-même.

Quand vous arrêtez de lutter pour ressembler aux autres, en arrêtant de vouloir vous comparer sans arrêt à ce qu'ils font de leur vie, vous n'avez plus d'effort à faire, tout devient fluide, tout est en harmonie. Vous n'êtes plus en résistance avec le mouvement naturel de la vie. Vous vous laissez porter et vous apprenez à vous aimer de plus en plus fort et vous créez ainsi votre bonheur.

Votre course après vous-même s'arrête et vous prenez le temps de vous redécouvrir dans la simplicité, dans la nudité de votre âme. Et vous vous élevez enfin à une hauteur que vous n'aviez jamais soupçonnée pouvoir atteindre. Vous comprenez que plus vous vous donnez de la valeur, plus la vie est douce et belle et plus vous l'aimez, plus elle vous aime dans une belle réciprocité.

Quelle est donc la valeur que vous vous donnez à vous-même? Il est temps de revenir à vous, c'est la meilleure façon de vous connaître vraiment et de vous apprécier en toute sérénité et comme vous le méritez !

Fragment poétique

Le mouvement du cœur

Tel l'oisillon qui découvre le battement de ses ailes,

Notre cœur frémit quand il pétille du souffle de la vie

Comme le vent qui chante dans les arbres

Notre cœur frissonne de la caresse de notre âme

Ainsi qu'un enfant qui sourit à sa mère

Notre cœur frétille quand l'amour le chatouille

Quand le soleil rayonne, quand les papillons s'égayent

Notre cœur se gonfle de leur douce chaleur

Dans un mouvement ample et gracieux, il s'ouvre comme une rose

Il vagabonde au gré de ses humeurs

Il sait que la Terre est ronde et il n'a pas peur

Il écoute le battement de la vie autour de lui

Il ressent la fureur, la tristesse, les émotions qui s'enfuient

Quand il se met à vibrer de la joie d'aimer

Un halo de tendresse se dessine dans son sillage

Il se pare de son flow, il combat tous les maux

Il plonge dans sa délicatesse

Il diffuse sa douce chaleur

Il accorde de son harmonie

Le chaos qu'il rencontre autour de lui

Il se remplit pour déborder de son flot continu

Notre cœur s'anime quand il ressent les belles intentions

Il s'élance pour enlacer la vie et danser sa mélodie

Il attire de sa bienveillance les autres cœurs

Pour former ensemble un chœur universel

Soyez présent à votre cœur, et suivez son mouvement, il vous attend pour éclairer la vie de votre chaleur humaine.

> « *Il est bien des choses*
> *qui ne paraissent impossibles*
> *que tant qu'on ne les a pas tentées* »
> André Gide

Chapitre 6: *Comment faire de ses rêves un projet de vie pour stimuler la flamme créatrice en soi?*

3ème *étape vers la créativité*

Niché au creux de ton être, se trouve la quintessence de ton âme, un parfait alliage entre ton cœur et ton esprit, entends-tu le son de la voix qui te guide vers toi?

Ainsi pouvons-nous définir la motivation comme la plus belle musique que chante notre être pour nous inviter à suivre l'élan créateur, le souffle divin, la douce folie créatrice de la vie.

Comment faire pour mieux la ressentir?

Connecte-toi à ton corps, plonge dans ce silence coloré qui t'accueille pour te faire vivre une expérience inédite celle de ta rencontre avec toi-même dans ce mouvement que tu peux percevoir en toi.

Qu'est-ce que la motivation intérieure?

C'est ce qui explique, justifie une action quelconque, et les raisons et les intérêts qui poussent quelqu'un à agir. Cette motivation est censée venir de l'intérieur de chaque être à travers sa nature et non dans une action externe. C'est comme une idée de dépassement de soi qui émerge pour vous faire passer à l'action et vous faire sortir de la passivité.

On appelle donc motivation, ce qui naît de la rencontre avec une force interne qu'on appellerait notre inspiration, notre Muse ou notre mouvement créateur de vie. C'est comme un moteur qui se met en marche pour nous pousser à l'action. C'est cette envie folle de réaliser un défi dans lequel on veut se lancer avec tout notre être comme s'il s'agissait de notre dernière chance!

C'est cet état d'excitation qui nous habite et qui nous maintient dans une qualité de résistance au stress parce qu'on se sent connecté à un projet dans lequel on se sent totalement engagé, impliqué, concerné.

C'est comme un feu intérieur qui nous met en mouvement vers un but à atteindre et qui nous pousse à dépasser nos doutes. C'est aller de l'avant en se donnant à fond sans peur ni crainte. Etre motivé, c'est vouloir crier à la terre entière qu'on existe en laissant parler ses plus belles actions.

"La motivation combat l'ennui, assassine l'inertie et relance l'énergie, c'est le carburant de l'être."

Quand vous n'arrivez plus à avancer, c'est que vous avez égaré cette motivation quelque part entre vos ambitions démesurées et vos illusions dépassées. Il suffit juste de vous recentrer sur l'essentiel pour la retrouver en accueillant en vous la force intérieure qui vous anime. En la ressentant profondément, vous la laissez vous porter bien au-delà de vous-même. Elle devient cette impulsion qui vous mène au plaisir d'être. Elle vous remplit totalement. Elle ouvre votre chemin pour l'éclairer!

Lorsque vous apprenez à être en toute simplicité, vous percevez la caresse de cet élan qui vient chatouiller toutes les parties endormies de votre être pour vous réveiller à la vie dans toute votre globalité car sans motivation, il n'y a plus de goût à rien, uniquement des états de manque et de tristesse.

Lorsque la motivation est éteinte, il faut apprendre à la rallumer comme la flamme éternelle, il faut la raviver sans cesse car sans elle on ne vit qu'à moitié et on finit par mourir de l'intérieur.

Comment maintenir votre motivation au beau fixe?

La méditation ou l'introspection sensorielle notamment en *psychopédagogie perceptive Méthode Danis Bois*, est un excellent outil qui entretient la capacité à réguler ses états attentionnels et émotionnels. Elle nous amène à ressentir le calme et la mise à distance des émotions pour nous éveiller à la confiance et à la foi en la vie. Elle permet de découvrir à l'intérieur de soi, l'incarnation de cette chaleur qui circule et qui cherche le chemin pour s'exprimer à l'extérieur de nous pour révéler un profond sentiment d'exister à travers des prises de conscience nécessaires!

Pour maintenir au beau fixe sa motivation, il convient de travailler sur ses états d'être pour activer la présence à soi et s'ouvrir à toutes les possibilités de se sentir pleinement vivant et dans l'action pour réussir sa vie, jour après jour, seconde après seconde. La présence totale permet l'accès au déploiement de vos plus belles et grandes intentions.

Pour relancer votre motivation, il convient de vous appuyer sur des outils comme ceux de cette méthode à médiation corporelle à laquelle je me suis formée et que je vous conseille car elle m'a totalement séduite et est devenue un point d'ancrage indispensable dans ma vie: *la Somato-psychopédagogie ou pédagogie perceptive méthode Danis Bois* comporte plusieurs outils très efficaces dont *la méditation de Pleine Présence*. (voir note de référence sur cette méthode à découvrir à la fin du livre)

C'est à travers l'expérience à vivre que vous apprenez à aller vers la plus belle expression de vous-même. Plus vous créez ce que vous souhaitez à travers une motivation insatiable, plus vous vous épanouissez vers des projets qui vous nourrissent et embellissent votre vie!

Réflexions sur la vie

Comment renouveler votre confiance pour vous ouvrir à de nouveaux horizons ?

Lorsque les perspectives vous paraissent fermées, il vous faut à tout prix garder espoir malgré la situation rencontrée, pour ne pas sombrer dans le pessimisme ambiant. Votre objectif principal sera de trouver votre propre voie de passage à travers les nuages qui obscurcissent vos projets de vie. Pour cela, il est nécessaire dans un premier temps de sortir des exigences de votre mental. Puis dans un deuxième temps, d'ouvrir votre cœur à tous les possibles. Enfin de rester dans l'intention de créer votre vie avec ce que vous souhaitez. Lorsque vous lâchez prise, vous laissez agir votre destin.

Lorsque les repères extérieurs se fragilisent ou disparaissent, il vous reste la Foi de croire en vous-même, en vos capacités de vous relever. C'est cette force intérieure qui vous anime et qui vous porte quand tout semble difficile, elle vous pousse à aller de l'avant, au-delà de vos difficultés ou de vos contraintes, pour élargir le chemin qui vous mène vers ce qui est bon, juste et favorable pour vous, à ce moment précis. C'est parce que vous croyez en vous que vous pouvez « faire confiance » à la vie et laisser la solution idéale venir à vous. Rien ne sert de souffrir, il faut agir en restant confiant !

Qu'est-ce qui vibre vraiment au fond de vous?

Le moteur de vos actions, c'est votre motivation qui prend sa source dans votre mouvement de vie. C'est lui seul qui sait ce qu'il vous faut. Quand vous apprenez à mieux l'écouter et à suivre ses impulsions, vous devenez le maître de votre existence et vous redoublez de confiance ! Vous pressentez ce qu'il vous faut !

Plus vous écoutez ce qui vous parle à l'intérieur de vous, ce qui vous inspire vraiment, plus votre confiance se déploie. Elle réside dans cette force intérieure, elle se renforce à chaque fois que vous invitez dans votre vie la paix intérieure et la douceur d'être comme socle stable et solide pour renouveler sans arrêt l'espoir de toujours croire en des lendemains meilleurs. Chaque jour est un nouveau jour à conquérir ! Vous n'avez pas besoin d'aller chercher de l'aide dans l'agitation des autres qui sont eux-mêmes en proie à leur propre détresse. C'est dans votre intériorité que vous trouverez des réponses à vos questionnements personnels en suivant davantage vos intuitions. Celles-ci vous guideront par des moments de jaillissements où vous vous sentirez connecté à votre potentiel et où vous aurez alors envie de vous battre pour vous libérer de ce qui ne vous correspond plus !

Devenez votre créateur de vie!

Prenez votre pinceau intérieur et laissez se dessiner sur votre toile de vie, vos désirs. Tant que vous êtes vivant, c'est à l'encre de votre essence précieuse que vous pouvez peindre cet élan qui vous anime, c'est comme si vous aviez à votre disposition toute une palette de teintes variées qui proviennent de votre histoire de vie. Les nuances se modifient selon ce qui vous appelle à l'intérieur et ce qui demande à se réaliser. L'emboitement ne peut se faire que si vous êtes en phase avec vous-même et avec vos intentions. Il ne vous reste plus qu'à vous mettre en action pour laisser la magie opérer. Plus vous acceptez le merveilleux dans votre vie, plus vous vibrez d'une énergie puissante et créatrice !

Il ne faut pas laisser la morosité et l'austérité éteindre vos ambitions ni les restrictions asservir votre flamme intérieure. C'est la connexion à votre énergie vitale qui éclaire votre existence. Lorsque vous suivez vos intuitions, il n'y a plus d'obstacles mais uniquement des défis à relever. Ne perdez jamais espoir, c'est ce qui vous aidera à toujours réajuster vos projets et à renouveler votre confiance. La nouveauté et l'inconnu ne sont pas forcément des barrières, cela peut vous permettre de découvrir d'autres ressources possibles, d'autres compétences ignorées. Quand l'amour de la vie continue à pulser dans votre cœur, vous êtes comme guidé par vos messagers de lumière qui surgissent pour vous accompagner au détour de votre route. Vous prenez conscience que chaque être est une émanation de l'amour inconditionnel pour vous délivrer un message ou une leçon de vie, qui vous aident à grandir. Quand vous acceptez d'être comme une parcelle du monde, vous rejoignez ce vaste mouvement qui relie chaque être à l'autre et vous ne vous sentez plus jamais seul face à vous-même. Ne vous concevez pas comme petit, c'est parce que vous êtes grand que tout devient possible ! Et c'est en vous que se trouve « *le plus grand de vous* » dans votre confiance et dans votre capacité à « faire confiance » et à « vous faire confiance » !

Être confiant, c'est resté optimiste quel que soit le passage à traverser. Quand l'amour est là au fond de votre cœur, il est la clef pour ouvrir même les cadenas les plus rouillés. Plus vous vous aimez fort, plus vous aimez la vie intensément. Plus vous formez un duo avec vos désirs en étant conscient de votre Présence incarnée, plus vous êtes entouré de lumière et vous avancez alors dans la vie auréolé de l'envie d'être, tel un héros triomphant. Apprendre à se mettre en harmonie avec les vibrations du bonheur, c'est faire confiance à son âme pour créer sa vie à son image !

Cette énergie de vie positive va toujours agir pour votre bien. Les peurs ne servent qu'à vous limiter. Quand vous osez être libre, il n'y a plus de souffrance, vous lâchez enfin prise pour vous ouvrir à une confiance à toute épreuve ! Les solutions s'accomplissent comme par magie ! Vous ne pouvez réussir qu'en prenant cette juste place. Plus vous faites de votre mieux avec ce que vous avez de disponible, plus vous allez de l'avant et vous cessez de ressasser ce qui vous freine !

A quoi bon s'inquiéter si on sait ce que l'on veut!

Il n'y a plus de tergiversation ni d'hésitation, il n'y a plus qu'à laisser faire le mouvement de la vie, à l'intérieur de nous, jusqu'à ce qu'il déborde vers l'extérieur. Vous vous sentez alors rassuré et en sécurité ! Plus vous vous reliez à vos intentions, plus vous vous accordez avec ce qui se met en place pour vous permettre d'avancer. Chaque circonstance devient une occasion d'expérimenter une nouvelle stratégie pour créer un chemin vers votre but. Lorsque vous vous laissez guider, tout s'apaise dans la chaleur de l'instant. Vous

vous sentez de plus en plus en accord avec vous-même, vous vous impliquez pour réussir, vous vous libérez de toute pression. Vous vous régénérez dans votre source intérieure et vous avez la sensation que l'amour ruisselle dans votre vie. Vous devenez réceptif à votre voix intérieure. Vous ne vous sentez plus jamais désespéré comme si vous étiez toujours accompagné de votre possibilité de changer les choses et d'obtenir ce qui vous convient vraiment. Tout s'organise alors parfaitement, vous pouvez donner libre cours à vos talents pour vous épanouir pleinement. Vous créez votre existence à votre goût !

Lorsque vous criez « *j'ai confiance en la vie* !», vous décuplez votre potentiel, vous prenez le pouvoir et votre puissance s'active. Cette acceptation ouvre la porte à votre abondance personnelle. Plus vous vous remplissez de joie à travers des petits bonheurs de l'instant, à travers l'émerveillement ou la contemplation, plus cette joie se répand dans votre vie.

Chaque jour vous prenez de plus en plus confiance en vous, vous vibrez alors de mille couleurs, comme un bel arc-en-ciel qui devient l'arrière-plan de votre paysage de vie ! Vous êtes pleinement vivant et vous osez enfin changer votre perception du monde pour vous ouvrir à de nouveaux horizons. Vous ne laissez plus personne éteindre votre ambition de voir circuler la chaleur humaine comme un souffle majestueux et régénérateur à chaque instant !

Faites vous confiance chaque jour un peu plus, et tout vous sourira pour votre plus grand bonheur ! Il suffit juste d'y croire et de ne jamais en douter. Êtes-vous prêt à tenter l'expérience ?

Fragment poétique

Ma philosophie de vie

Écrire, laisser respirer les mots sur la page

Laisser couler le flow de la vie dans la douceur de l'instant

Faire un arrêt sur une image, une émotion, une sensation, un sentiment

Décoder ce qui émerge comme inspiration du moment

Des mots de vie, des photos instantanées du sens qui se donne

Pour décrire l'épaisseur et la Vérité du Monde

Laisser agir ce bien-être pour renaître à soi

Pour revenir à ce qui est essentiel

Les mots s'auréolent de la chaleur exquise qui se diffuse

Quand on goûte à la sensation d'être pleinement vivant

On ressent cette force animée qui met en mouvement nos résistances

Cette Muse intérieure qui fait bouger nos immobilités

Alors les mots s'animent pour devenir un bel élan

Dans le désir toujours plus grand de mieux se connaître

Pour exister pleinement et apprendre à créer sa vie

Les mots résonnent de cette belle intention et nous tournent vers nous-même

Pour devenir philosophe de notre vie...

Moi, j'aime offrir mes mots pour alléger les maux

Pour faire pousser des petites graines d'amour au cœur de chacun, au cœur de tous.

J'aime partager ma philosophie

Pour éclairer votre vie et pour ensoleiller votre être! Merci !

Et si nous devenions tous les philosophes de cette lumière...?

> *"Plus tard, il sera trop tard.*
> *Notre vie c'est maintenant."*
> *Jacques Prévert*

Chapitre 7: A la conquête du temps

Comment déployer son talent dans l'espace temporel illimité?

4ème étape vers la créativité

Tout d'abord, revenons sur la notion de temps propre à chacun à travers une petite histoire qui vous permettra de mieux comprendre la nécessité de bien définir sa temporalité.

Perdus au fin fond d'une contrée lointaine, des chercheurs d'or mènent leur quête. Harassés, ils poursuivent leur chemin pour aller dénicher ces précieuses pépites qu'ils traquent indéfiniment. Ils ne craignent ni le froid ni les bêtes sauvages. Ils sont prêts à tout pour atteindre leur objectif. Ils luttent contre les obstacles qui s'opposent à leur avancée. Ils ne tremblent pas devant la nature hostile, ils puisent leur réconfort dans cette joie ineffable qu'ils auront, à s'emparer au milieu de l'eau de la rivière , de ce trésor qui ne les rendra peut-être pas riches mais qui leur fera goûter à ce plaisir indescriptible de toucher enfin à leur but, c'est une manière pour eux de conquérir le temps et de vivre en espérant toujours être comblés par leur butin. Ils donnent tout pour obtenir cette satisfaction personnelle et pour être les meilleurs chercheurs d'or !

Pour accéder au talent, l'enjeu semble à peu près le même. La voie d'accès n'est pas simple surtout si l'on devient soi-même un obstacle à son propre épanouissement créatif. Les étapes seront nombreuses, avant de réussir à aller au bout de son expressivité, l'une des plus grandes difficultés sera d'apprendre à gérer le temps qui file inexorablement, pour essayer de dilater chaque seconde afin d'ouvrir un espace-temps infini, sans jamais y renoncer, sans jamais abandonner, toujours avec une détermination et avec une persévérance sans limite pour prendre le temps de se créer et de créer ! Le temps est le pire ennemi de la créativité, il réussit même à court-circuiter toutes les tentatives qui peuvent rester vaines si l'on n'apprend pas à le conquérir pour en faire un allié. Le temps règne en maître absolu sur notre vie et c'est à partir de lui que tout émerge: le présent, le passé, l'avenir jusqu'à fusionner...Apprendre à l'accueillir autrement est la meilleure façon d'accéder à soi-même, malgré les contraintes qui s'érigent sur notre parcours. Se laisser du temps pour faire ce que l'on aime est un gage de réussite intérieure. Ce temps pour soi permet d'apprendre d'ailleurs à se réconcilier avec tout son être !

Comment s'y prendre malgré les contraintes qui pèsent sur votre vie?

Il est nécessaire d'apprendre à vivre la temporalité dans un rapport moins tendu avec plus de douceur et moins de résistance. Rien ne sert de courir après le temps, s'organiser autour des priorités qui conditionnent votre vie et auxquelles vous ne pouvez échapper, est une première solution. Il restera toujours un temps à prendre! Avec une meilleure perception de vos priorités, tout devient alors possible. En fixant des limites claires, cela vous fait changer de rapport à la vie qui cesse d'être une course pour devenir un espace agréable à cultiver, à remplir, avec ce qui vous convient le mieux jusqu'à vous procurer des sensations agréables. Etre dans cette globalité temporelle permet de cesser de tout voir de manière morcelée mais inter-reliée, ce qui ouvre le champ des possibles.
Se laisser couler dans l'horloge du temps, ce n'est pas suivre les aiguilles et le tic-tac avec angoisse mais au contraire prendre le temps par la main comme un guide de votre bien-être intérieur. Cela vous permet de moins ressentir votre vie, comme si elle était limitée par la fuite du temps et par la peur que tout s'arrête brutalement. Mais au contraire, prendre conscience que vous pouvez marquer ce temps qui vous oppresse, du sceau de l'expressivité, comme une empreinte d'immortalité pour sortir de l'éphémère et pour vous ancrer dans quelque chose de bien plus durable, de plus stable et de plus solide. L'atout majeur se trouve dans la perception de cette lenteur

sensorielle qui vous anime. Sa puissance de relâchement vous fait ressentir quelque chose de moelleux, comme une pâte à modeler malléable et adaptable qui vous permet de ralentir votre rythme pour apprécier la vie. Ce mouvement vous enseigne un autre rapport au temps qui se vit davantage dans la patience, dans la confiance en ce qui émerge du corps, à chaque instant, pour faire naître une créativité plus incarnée. Lorsqu'on travaille sur son expressivité, on travaille également sur l'emprise du temps dans notre existence, on s'adapte, on se malléabilise, on s'assouplit et on invite une temporalité différente dans cette danse savoureuse à deux. La connexion à soi vous fait entrer dans un espace temporel plus ample, plus illimité avec des horizons infinis. Le temps devient votre partenaire et non plus votre ennemi. Il vous guide dans ce corps à corps intime avec la vie dans une douce et tendre lenteur.

Comment faire fusionner votre corps et l'espace qui vous entoure?

"En devenant le génie de l'auto-création de soi grâce à l'authenticité de son être, on suit ce qui nous pousse à nous déployer. On lâche prise sur toutes nos rigidités, sur toutes nos retenues et on entre dans une communion profonde avec l'espace qui nous entoure et le temps qui nous anime."

L'expressivité devient un axe permettant de sortir du temps infernal qui vous effraie pour au contraire vous permettre de vous sentir plus vivant, grâce au goût de ce que vous découvrez à l'intérieur de vous, comme un moteur essentiel, un pivot de référence autour duquel s'articule toute votre vie. Vous vous sentez puissant et sans limite! L'Or de votre corps n'a donc pas de temporalité mais juste un espace immense à explorer, une autre dimension, un territoire à conquérir. Ce n'est plus une quête insensée et insatiable contre le temps, mais au contraire tout ce que vous découvrez, nourrit une part plus belle de la temporalité, celle de l'expression de soi. Pourtant, il demeure parfois des obstacles à cette expansion de vous-même, dans votre corps, votre temple, votre pilier de vie. A vous de ne pas rester verrouiller à l'intérieur de vous-même!

Réflexions sur la vie

Quand la vie vous appelle, est-ce que vous savez lui répondre « Présent »?

« La disponibilité intérieure donne un autre goût à la vie ! »

A l'heure des distractions de toutes sortes, il est difficile d'être vraiment présent à soi, aux autres et au monde pleinement. En effet, entre l'esprit qui vagabonde sans arrêt et les doigts qui pianotent sans cesse, il est impossible aujourd'hui d'avoir l'attention fixée sur ce que l'on fait. On est de moins en moins disponible à l'instant, ce qui nous met de plus en plus en difficulté.
Il suffit de regarder autour de vous pour le constater. Quelles que soient les activités qui vous occupent, vous êtes souvent éparpillé entre ce qui est là vraiment et ce qui maintient votre vigilance aux écrans par exemple. Au volant combien d'automobilistes trouvent cela normal aujourd'hui d'avoir les yeux rivés sur leur téléphone plutôt que sur la route au péril de leur vie et de celles des autres ? Combien de personnes vous parlent tout en répondant à leurs messages ? On trouve cela normal et on se justifie en disant qu'il faut vivre avec son temps ! On constate par conséquent, dans la société, que les individus paraissent de plus en plus dispersés comme s'ils avaient du mal à comprendre ce qu'ils voulaient vraiment : être là ou ailleurs ?
C'est comme s'ils consommaient la vie plutôt que de la vivre vraiment, à travers un zapping continu, sur un écran géant. Ils n'arrivent plus à être captivés par ce qui défile sous leurs yeux, d'où leur manque de motivation. Cette recherche incessante de compensations diverses les laisse à chaque fois comme insatisfaits, et les pousse à aller toujours plus loin dans cette quête incessante, vers plus de sensationnel, pour avoir l'impression de s'intéresser vraiment à quelque chose, comme s'ils étaient absents de leur vie !

Qu'est-ce qui fait que tout le monde a du mal à se concentrer sur ses objectifs de vie?

La vie dans le contexte actuel nous malmène tous avec son stress permanent et ses mille informations à suivre, si bien que cela nécessite dans nos habitudes, qu'on garde constamment un œil sur tout en même temps. Comme si juste s'échapper quelques minutes nous mettrait en danger avec le risque de rater quelque chose d'important. Cette dépendance génère donc une attention plus volatile et partagée entre plusieurs centres d'intérêt à la fois, en raison de nombreux stimuli qui nous perturbent à chaque instant. On ne sait plus où donner de la tête ! De fait, on est indisponible à tout et on n'est disponible à rien ! Et cela fait baisser forcément la qualité de notre relation aux autres, au monde et à nous-même. La charge mentale nous écrase.

On devient incapable de profiter pleinement de la vie. Cette attention diffuse est à l'origine de nombreuses difficultés. Ces troubles de concentration expliquent le manque d'énergie en fin de journée. A force de multiplier les distractions, on est comme désorienté. Au final on perd de vue nos véritables objectifs. Cela rend plus compliqué le suivi des tâches, la réalisation des projets et les vraies relations humaines. On finit par perdre le fil de ce qui est important et on navigue tous à vue, comme dans un brouillard épais, incapable d'avoir de réelles perspectives. Nous nous manquons à nous-même, nous passons à côté de tout sans rien voir !

Comment obtenir plus de disponibilité à l'instant?

Être disponible à l'instant, cela signifie être présent à ce qu'on fait dans une intention posée sur chaque étape du processus. C'est être dans une disposition intérieure qui nous permet de porter une vigilance accrue à ce que nous vivons. L'indisponibilité commence quand on est fatigué intérieurement, et qu'on *« a la flemme de faire quelque chose »*, c'est le règne de la procrastination, *« on remet facilement à demain ce que l'on peut faire aujourd'hui »*. Et c'est ce qui fait perdre la qualité du moment vécu. On mange vite, on court après le temps, on écoute d'une oreille, on s'ennuie face aux contraintes. Tout est fait à moitié, on se lasse avant même de commencer. On préfère faire plusieurs choses à la fois plutôt que d'en apprécier une pleinement, soi-disant pour gagner du temps. On organise des repas par convenance, sans y mettre une joie réelle et sans s'y consacrer totalement. L'instant vécu est comme désincarné.

Certains préfèrent jouer sur leur téléphone plutôt que de se parler et d'autres jonglent entre leurs préoccupations, leur connexion aux écrans et leur agitation personnelle. Les situations vécues deviennent de plus en plus absurdes et déshumanisées. Pour preuve, un dîner en tête à tête est aujourd'hui facilement partagé sur les réseaux sociaux sans préserver l'intimité précieuse du moment! C'est comme si on préférait se montrer en train de vivre plutôt que de vivre vraiment et de le savourer tranquillement. Beaucoup s'inventent une vie plutôt que de la vivre intensément, en étant convaincus qu'ils sont heureux ainsi. Cela ne fait que démontrer cette incapacité à être disponible à la vie tout simplement.

Pouvez-vous être heureux sans disponibilité totale à l'instant ?
Ce serait comme croquer dans une pomme sans en apprécier le goût exquis. Dans les faits, on la mange réellement, mais on ne la mangerait pas, ce serait pareil. Le goût de vivre s'apprécie en conscience et dans la présence incarnée à ce que l'on fait. On doit en savourer chaque seconde comme si c'était la dernière. Quand on vit à moitié, on maltraite la vie et elle nous renvoie inévitablement à ce mauvais rapport!

Pourquoi avez-vous besoin de la validation des autres pour apprécier votre vie ?

L'impact des réseaux sociaux représente, il est vrai, cette nécessité de vivre connecté aux autres pour partager et pour être vu !
Mais est-ce que vous ne vous sentez pas intéressant si vous ne le faites pas ? Cela démontre une défaillance dans votre rapport à vous-même. Même si vous avez le droit d'apprécier cette interaction, il est aussi très important de conserver des espaces personnels et intimes où vous pouvez vous sentir libre et heureux sans avoir cette impression du regard des autres qui pèse constamment sur ce que vous faites !
 La vie s'apprécie de cette façon dans une lenteur savoureuse, quand on prend le temps de lui être disponible et dévoué, c'est un émerveillement qui naît de la contemplation de la beauté d'être simplement vivant. Comme on est heureux avec les autres, on doit aussi l'être avec soi-même dans la solitude de ces moments indispensables pour se ressourcer, pour se connaître, pour

s'apprécier. Les deux parts s'équilibrent, et c'est à chacun d'y mettre ses limites ! Être disponible à soi et aux autres !
Pour apprendre à renouer avec cette disponibilité intérieure, il est important de méditer, d'écouter le silence, de faire taire les pensées et le mental, de sortir de l'égo et d'ouvrir un espace d'accueil à la vie pour laisser s'exprimer sa liberté. Ralentir le rythme est tellement appréciable et jouissif!

Regardez la vie sans baisser les yeux sur vos écrans, en êtes-vous encore capable ?
Lancez-vous des défis et vous verrez à quel point c'est intensément bon pour votre santé et pour votre sérénité. Faites des pauses, comme des récréations intérieures, pour digérer tout ce que vous voyez et pour l'apprécier à sa juste valeur. Redonnez à votre vie toutes ses couleurs grâce à une présence plus incarnée. Utilisez les réseaux pour développer votre créativité, pour l'enrichir, pour la partager ! Ne subissez pas l'influence des autres inutilement, soyez fan de vous-même!

Écoutez le chant de l'oiseau qui vous invite à admirer la nature en parfaite communion. Êtes- vous libre de vos actions ou avez-vous besoin qu'on oriente votre avis?

Autant de petits détails qui vous renseigneront sur votre disponibilité à la vie. Vous méritez de vivre autrement, il ne s'agit pas de s'interdire des moments de distraction mais de reprendre le contrôle, sans en subir les conséquences. Soyez plus disponible à l'instant ! Retrouvez votre liberté pour mieux vivre ici et maintenant.
Avoir une attention plus soutenue vous apportera plus de stabilité et plus de solidité pour vous aider à vous adapter à tout ce qui bouge et à tout ce qui change actuellement autour de vous, bien malgré vous ! Vous ne serez plus prisonnier du temps ! Vous apprendrez à créer votre vie autrement!

Vous êtes votre repère le plus fort, alors apprenez à vous retrouver et à mieux gérer votre temps en devenant plus disponible à votre vie, c'est tellement important !

Fragment poétique

Viens, je t'invite à une danse pas comme les autres

Chaque mouvement t'entraîne sur ta piste de danse corporelle
Celle que tu découvres comme pour la première fois
Éclairée des nuances des tonalités de ton intériorité
Toi face à Toi
Toi avec Toi

Un duo d'éternité au sein d'une temporalité revisitée
Où la musique est celle de la beauté de ton silence
Tu deviens ton propre cavalier ton partenaire de vie
Tu suis tes pas qui sont guidés par ta délicieuse mouvance
Celle qui ondule intérieurement dans sa douce cadence
Et qui t'apprend un peu plus de toi

Ecoute, je vais te décrire cette danse pas comme les autres

Son mouvement t'habille délicatement
Il te tisse une robe
Toute en voiles et en légèreté
Il redéfinit ton volume dans sa volupté
Il satine les contours de ton être
Pour te donner à paraître
Il te coud une somptueuse harmonie
Pour te faire virevolter dans son élégance infinie

Telle une plume de soie
Il brode la beauté de ton Cœur
Qui scintille, auréolé d'une merveilleuse douceur
Pour briller dans la profondeur et dans l'intensité
De ce nouvel espace révélé

Ton mouvement, telle une voie lactée
S'offre à ton regard éclairé
De mille étoiles dorées
Il est le maître du temps
Où le sablier s'écoule dans son immensité qui s'étend
Il est le guide qui mène à l'alliance magique
De ton corps et de ton esprit réconciliés
Dans la réciprocité de cet amour du vivant retrouvé
Qui fait triompher un goût de vie inédit dans sa belle créativité...

« Alors, tu en as envie ? Viens suis-moi et danse...
Danse avec ton mouvement sensoriel
Pour vivre et t'aimer autrement
Laisse-toi tenter et danse ta vie
Danse et souris... »

> *"La conscience est l'être à la chose par l'intermédiaire du corps."*
> Maurice Merleau-Ponty

Chapitre 8: Votre corps : un formidable coffre aux mille trésors dont il faut impérativement trouver la clé.

5ème étape vers la créativité

Il faut également aborder l'expressivité à partir de ce duo que forment votre corps et votre esprit au sein de l'espace. *"Le corps n'est pas un objet qu'on promène derrière soi"*. En Psychopédagogie perceptive (méthode Danis Bois) et *en gymnastique sensorielle*, la vie prend son sens dans un corps habité, un corps Sensible qui vous permet d'accéder à toutes vos potentialités et à apprendre ainsi à écouter votre sensorialité. Le rapport au corps demeure avant tout centré sur cette intelligence qui vous anime.

Combien de fois vous regardez-vous dans le miroir? Que voyez-vous à chaque fois? Un visage, des yeux, une bouche, des cheveux et le reste?

Pour beaucoup de personnes, le corps se délimite en deux blocs séparés avec d'un côté, la tête et son mental très actif et de l'autre, le physique avec sa physiologie et sa morphologie... On prend soin de son apparence extérieure pendant des heures, mais on néglige l'intériorité qui crée pourtant l'équilibre du corps et de l'esprit.
En fait, il est important de prendre conscience que votre corps est une même unité qui forme un tout, il est enveloppé d'une peau qui s'étire à l'intérieur comme à l'extérieur pour fixer les contours de votre posture dans l'espace. Lorsque vous bougez, votre corps épouse les formes de ce qui vous environne, cela est invisible pour les yeux mais se perçoit sensoriellement, les yeux fermés et dans la lenteur du geste. Nous évoluons comme un Tout qui se fond avec ce qui nous entoure. Tout de nous vibre pour être et pour participer à chaque action, dans un mouvement plein et total en accord avec la vie, dans une parfaite unité, grâce à une globalité et à un ancrage qui nous

donnent un équilibre stable. Lorsqu'on apprend à développer la présence à soi, notre corps devient comme un organe sensoriel qui nous permet de percevoir la justesse de nos actes.

Quand je m'emboite dans ma vie, je sais que je suis en phase avec ce que je fais. Par contre, si je ressens des tensions corporelles, je sais que je suis en résistance avec mon environnement car il ne me correspond pas ou il n'est pas en accord avec ce que je recherche. Plus j'utilise ma perception pour ressentir ce que je vis et pour poser des actions plus justes dans mon rapport à ce qui m'entoure, plus je suis maître de mon existence. J'arrête de tout subir, je deviens ma seule et unique priorité et tout se met en place de manière favorable pour moi.

Résister, c'est aller à contre-courant de ce mouvement naturel. Plus vous lâchez prise dans une intention de vous ouvrir aux possibles, plus la solution à vos problématiques émerge rapidement et vous vivez alors davantage en confiance et en conscience ! L'espace devient un lieu de plein épanouissement. Vous pouvez vous appuyer sur lui pour vous étirer, pour ouvrir votre esprit, pour relancer votre vitalité, pour vous dynamiser, pour danser avec ce partenaire en mouvement constant qui vous guide vers votre créativité.

L'expressivité de soi naît quand je bouge dans la lenteur de ma sensorialité. Elle se meut pour me remplir du bonheur d'exister. Elle chasse mes immobilités mentales et elle dilue mes émotions négatives.

Votre créativité, c'est l'or de votre vie. Vous pouvez transformer cette intelligence corporelle en la plus belle et la plus précieuse des inspirations. Plus vous vous accordez avec votre mouvement de vie, plus vous pouvez laisser parler cette expression de vous-même qui se nourrit de l'intérieur pour se tourner vers l'extérieur. Elle s'épanouit et fait germer d'autres graines de créativité.

Mon corps, c'est ma source, mon allié pour créer ce que je veux! Apprendre à l'écouter, à le respecter, à l'aimer, c'est ma mission de vie.

Les bras du silence: une source d'inspiration au coeur de votre corps!

« Le silence, cet ami qui vous veut du bien »

Lorsque la vie vous malmène, souvent vous vous réfugiez dans des compensations extérieures pour soulager vos peines. Pourtant, il existe une manière bien plus simple de se faire du bien.

« Fermez les yeux et écoutez le silence dans son amplitude infinie. »

Juste vous déposer comme dans des bras protecteurs pour lui confier vos questionnements intérieurs, et vous relâcher dans cette immobilité de repos jusqu'à vous laisser faire par cette puissance en action, par ce temps pour soi qui n'est pas une absence de bruits mais un espace de reconnexion à l'essentiel. Et sentir s'ouvrir un lieu d'accueil où il n'y a plus ni jugement, ni attente, ni volonté où vos pensées les plus lourdes se diluent pour laisser aller tout ce qui pèse sur votre cœur.

Lorsqu'on écoute le silence, il nous écoute à son tour, notre corps devient la caisse de résonance de son écho plein et profond jusqu'à entendre le bruit de la vie qui cogne à l'intérieur de nous pour nous rappeler ce qui nous anime vraiment, ce qu'on veut vraiment, le cœur de notre vivant. La vastitude du silence desserre nos rigidités les plus tenaces, nos fixités les plus inconscientes, nos peurs les plus viscérales.

Quand le silence vous pénètre, vous entrez dans votre intériorité comme dans une demeure sacrée pour être réconforté et apaisé par sa sérénité. Dans les bras du silence, votre cœur ressent la chaleur humaine qui circule et se diffuse comme un baume pour réparer vos blessures. Vous avez alors la sensation de devenir aussi immense que l'infini, et vous retrouvez de la place pour gérer vos émotions envahissantes.

Dans les bras du silence, vous vous laissez porter vers vos aspirations, et vous remplacez ce que vous ne voulez plus, par des pensées plus en harmonie avec votre bonheur. Le silence vous enveloppe de son manteau protecteur, pour vous redonner la force de vous renouveler, de vous re-créer dans sa parfaite stabilité et une solidité retrouvée.

Lorsqu'on épouse le silence, la rencontre entre notre êtreté et sa vérité décuple notre perception et nous met en relation avec la vie dans un rapport différent. Nous goûtons vraiment à l'instant présent. Nous devenons pleinement vivants, grâce à cette parfaite unité. Grâce au silence, on repousse toutes nos limites pour suivre le rythme de ce qui nous anime et on chasse tout ce qui nous empêche d'être présent à nous-même, au Monde.

Le silence est un allié pour réconcilier vos parts éparpillées entre ce que vous êtes vraiment et ce qu'on vous force à être. Vous retrouvez votre authenticité, votre sensibilité, votre force…Lorsque vous vous retrouvez dans les bras du silence, vous apprenez à vous aimer et à aimer, vous savez ce qu'il vous faut vraiment, vous arrêtez de vous empêcher de vivre.

Laissez-vous guider par le silence, il est le seul qui sait et c'est au cœur de l'accordage entre votre corps et votre esprit qu'il va tout vous révéler !

Réflexions sur la vie

Libérez votre mental pour vivre mieux

La météo de vos humeurs

Chaque matin, lorsque vous abordez votre journée, vous ressentez dès que vous ouvrez les yeux, votre humeur du jour positive ou négative. Elle apparaît naturellement sans que vous y pensiez vraiment, le temps de quelques secondes. Un peu comme si en dormant, vous aviez débranché votre mental pour vous autoriser à lâcher prise. Puis, très rapidement au saut du lit, il reprend le contrôle : les tâches à effectuer, les préoccupations du moment... Votre dialogue intérieur se met en route à la vitesse grand V, à travers de nombreuses pensées qui défilent à un rythme effréné : les pensées d'anticipation, les pensées du passé, les pensées d'organisation, les pensées parasites, de doute, de crainte, de dévalorisation... Bref, elles vous assaillent toutes, comme une véritable armée, sans répit et en vous laissant en proie à une impression d'avoir mille tiroirs qui s'ouvrent en même temps avec mille points d'interrogation. Elles se mélangent pêle-mêle, toutes ces pensées, vous agitent intérieurement sans pouvoir rien y faire.

Des scénarios se jouent dans votre tête comme si c'était réel : « *Pourquoi ...? »* « *Est-ce que ...?»* « *Comment...? »* « *Il faut... »* « *Je dois... »* « *Oui... »* « *Non ... »* « *Et si et si et si ... ? »*

Et c'est encore pire, si vous avez commencé la journée par des tonnes de mauvaises nouvelles en direct du monde entier. C'est comme si vous deveniez un ordinateur de bord prêt à gérer votre vie comme s'il s'agissait d'une entreprise en danger. Alors vous croulez sous le poids de votre mental omniprésent qui écrase votre volonté. N'oubliez jamais que la pensée est créatrice du bon comme du mauvais !

Et si vous changiez votre manière de vous réveiller?

Et si vous remplaciez ces pensées inévitables par un petit rituel simple et efficace.

Au réveil, quand vous ouvrez les yeux, observez intérieurement ce qui colore votre état d'esprit. Accueillez ce qui vient et relâchez-vous dans votre corps, sans opposer de résistance. Puis le temps de quelques petits exercices de respiration ample et profonde, chassez vos pensées en les remplaçant par la visualisation d'un souvenir ou d'une image qui vous fait du bien : le sourire de votre enfant, votre dernier fou rire, les mots gentils qu'on vous a écrits, peut-être le pépiement de l'oiseau qui égaye la nature extérieure comme une invitation... Puis écoutez une chanson ou une musique que vous aimez bien... Chantonnez, souriez de vous sentir ainsi vivant, remerciez la vie en formulant des intentions positives pour votre journée. Levez-vous en mettant votre corps en mouvement en effectuant quelques gestes simples, lents d'abord, puis plus dynamiques comme une gestuelle ou une danse réconfortante, apaisante et tonique. Savourez les effets en fermant quelques secondes vos yeux...

Et hop rempli de cette énergie renouvelée, vous pouvez à présent vous lancer dans vos activités ! Tout cela n'aura pris que quelques minutes pour vous accorder ce petit nettoyage nécessaire de votre mental trop prédominant qui vous vide de votre énergie, dès votre réveil, si vous n'en prenez pas soin ! N'est-ce pas aussi important que la douche que vous prenez chaque matin ? Si vous êtes sceptique, je vous conseille d'essayer pendant une petite semaine et vous constaterez les effets garantis par vous-même et vous comprendrez ainsi mieux l'expression *« se lever du bon ou du mauvais pied* ? » C'est à vous de décider en inversant la tendance et en créant ce que vous voulez vraiment !

« Bougez vos émotions, c'est la meilleure façon de ne pas les subir ! »

Chacun pourra modifier cette routine à sa guise, en l'adaptant avec sa recette personnelle, il s'agira de démarrer la journée avec ce qui vous met de bonne humeur et ce qui booste votre énergie, les idées sont nombreuses...

Le corps et l'esprit sont les meilleurs amis

Vivre avec son mental, c'est laisser comme une prédominance de votre esprit sur votre corps en permanence pour vous mettre sous contrôle de cet excès. Il convient de maintenir l'équilibre « corps et esprit » en établissant un lien de non-prédominance nécessaire. Vous avez autant besoin du mental que de votre corps. Il n'y a pas d'opposition entre les deux mais au contraire une belle complicité et une réciprocité. Quand vous apprenez à relâcher votre mental, en invitant le silence dans vos pensées, vous relâchez toutes vos tensions internes et vous sentez s'ouvrir votre cœur pour suivre vos intuitions. Il y a une sensation de globalité à construire progressivement pour que vous appreniez à agir avec tout de vous. Vous goûtez à un autre rapport à votre vie plus fluide, plus léger et plus savoureux. Vivre dans sa tête, c'est ne pas être présent à la réalité de l'instant. Lorsque vous relâchez votre mental par une attention à la perception de votre corps, vous reprenez contact avec ce qui vous anime vraiment, avec ce qui est et non avec la fabrication mentale de ce que vous en faites.

« *Vivre dans votre globalité corporelle, c'est reprendre le pouvoir dans votre vie* »

Observez-vous tout au long de la journée. Combien de fois êtes-vous dans votre tête à réfléchir, à analyser, à juger, à ressasser ? Combien de fois êtes-vous perdu dans vos pensées en perdant le contact avec l'ici et maintenant ? Combien de fois échafaudez-vous des plans sur ce que vous voyez, ce que vous entendez sans que cela ne soit vraiment réel?

Passez à l'action, c'est sortir de ce diktat du mental pour accueillir un autre rapport à votre vie, plus en harmonie avec ce qui est bon pour vous, en remplaçant les pensées par des actions. Si vos tracas vous minent le moral, mettez de la musique et dansez, puis respirez profondément et cherchez la solution. Ne restez pas des heures à brasser du négatif sans action véritable. Ce serait perdre pied pour vous noyer dans vos problématiques. Bougez vos émotions!

Bien évidemment, me direz-vous! Tout dépend de la gravité des problèmes rencontrés, pour réussir à envisager facilement d'élargir votre regard et immédiatement prendre du recul sur ce qui vous arrive ! Il est certain qu'il ne s'agit pas de vivre dans le déni, juste de vous donner le temps de digérer les choses, de regarder ses émotions difficiles en face sans les refuser, puis de mettre en place des stratégies pour s'en sortir en relevant le défi d'aller mieux. C'est la meilleure façon de prendre soin de vous et de votre vie et de vous forger un mental d'acier. Libérez son mental, ce n'est pas le fuir, mais faire de la place à ce qui advient à travers un regard plus panoramique qui vous permettra de ne pas perdre de vue votre objectif de vie et de poser une action vers la solution !

« Plus vous serez focalisé sur le problème, moins vous en verrez la solution ! »

Vivre dans la perception en écoutant le mouvement de vie qui vous anime, c'est vivre vraiment. Il n'y a plus d'attente mais une ouverture aux possibles, vous n'avez plus les yeux rivés sur le vide, vous prenez conscience du plein de toute éventualité et de toute expérience.
Le chemin peut être long mais l'enjeu est vital...

***Quand vous remplacez les pensées négatives par des pensées plus en harmonie avec votre bonheur et votre vie, vous acceptez enfin de créer ce qui vous ressemble.
Alors n'hésitez plus, libérez votre mental pour vivre mieux, il n'y a pas de meilleur remède pour votre santé et votre corps s'en portera à merveille!***

Fragment poétique

Création ou récréation de soi

Sur mon chemin intérieur, je vais à la rencontre de ma vie
Je cueille les fleurs qui poussent quand je m'éveille et je souris
Je me baigne dans l'eau sacrée de ma source enfouie
Je me réchauffe aux doux rayons de mon soleil qui brille
J'écoute le chant de mon âme guérie
Qui dans le silence s'expanse et danse
Je délaisse le poids de mes pensées qui s'enfuient
Mon corps s'offre à l'instant qui le nourrit
Il s'anime et se pose dans le berceau de ma Présence
Et je goûte à l'ivresse de me ressentir vivant
Dans un espace où j'oublie le temps
Je m'abandonne totalement à ce sentiment
D'être et de devenir ce sublime diamant
Qu'est mon cœur quand il s'adoucit tendrement
Quand il accueille la chaleur et l'Amour du vivant
Et le mouvement qui m'anime et m'apprend
Je crée ma vie, je me crée autrement
Je repeins mes contours joyeusement
Je deviens le pinceau du tableau de l'artiste que je suis
Quand je laisse s'exprimer mes émotions
Quand je laisse apparaître mes passions

Si vous vous écoutez, vous apprenez à créer votre vie autrement, il faut suivre le chemin pour aller à votre rencontre, en faisant confiance à votre talent de créateur. Fermez les yeux et apprenez à méditer sur ce que vous voulez créer dans votre vie...

> « La créativité demande du courage. »
> Henri Matisse

Chapitre 9 : Les émotions

Comment apprendre à mieux gérer vos émotions pour panser les blessures qui sont l'empreinte même des souffrances liées à votre enfance ?

6ème étape vers la créativité

Votre enfance, c'est le moment sacré de votre vie, celui qui crée les bases de votre personnalité en devenir et sur lesquelles vous vous érigez telle une tour sans défense. Les principes de votre éducation définissent donc inconsciemment l'adulte que vous devenez.
Chaque petite blessure renferme en elle votre essence, la plus pure, celle que vous perdez quand vos blessures se font fissures. Une blessure non guérie laisse passer une souffrance active à vie. Les relations humaines deviennent alors la scène de ce théâtre où vont être réactivées de manière vive et intense chaque marque, chaque trace et chaque cicatrice. Il est urgent de guérir votre enfant intérieur !

Vous devez par conséquent apprendre à reconnaître vos blessures émotionnelles pour comprendre vraiment qui vous êtes, pour vous délivrer enfin de ce passé douloureux pesant et parfois destructeur qui vous a marqué comme une bête au fer rouge, pour vous posséder et vous ôter votre liberté jusqu'au fond de votre âme.
Le processus est long et se met en route au moment opportun, quand vous êtes prêt à vous accueillir totalement et à vous aimer inconditionnellement. C'est une autre étape pour aller vers une auto-création de soi. Comme un « reset » nécessaire pour exister autrement et pleinement dans votre singularité et dans votre richesse.

Refermer vos plaies, c'est les aimer encore plus. Comme des blessures de guerre dont on est fier parce qu'on y a survécu. Quand on utilise la créativité comme voie de passage à travers ses émotions, on arrête de souffrir et de reproduire les mêmes scènes difficiles, c'est comme un baume réconfortant qui fait disparaître, ce qui n'est plus qu'une illusion. On se libère du passé et de ses conséquences. Ce n'est plus un souvenir traumatique, on le laisse enfin s'éloigner définitivement..

Il faut du temps pour apprendre à s'aimer avec toutes ses imperfections. La créativité est par conséquent comme un exutoire pour laisser s'exprimer ce qui demande à être épuré. Plus on utilise ses souffrances comme source d'inspiration, plus on transforme, ce qui déforme notre regard, en une création qui symbolise cette recherche de paix et de quiétude. C'est une manière de pacifier votre relation à vous-même pour ne plus souffrir! Les étapes sont parfois douloureuses, mais cette thérapie par l'art ou par l'expressivité vous permet de grandir de vos failles et de ne plus les laisser vous détruire ou vous malmener.

Les âmes se touchent et se parlent!

La résonance de ce que vous exprimez à travers votre talent circule vers les autres, comme si vous traduisiez pour eux, ce qu'ils ont du mal à dire! Il n'est pas rare de croiser des personnes qui se reconnaissent dans votre créativité et qui sont transcendés par votre inspiration. Ils prennent conscience de ce qui les anime à leur tour, et se mettent en route vers leur propre histoire. Voilà une très bonne raison de partager vos expériences, pour inciter les autres à en faire de même, dans un cercle bienveillant, réciproque et vertueux! C'est une excellente manière de transformer vos questionnements intérieurs et vos vides solitaires en fabuleux échanges! La meilleure façon de maîtriser vos émotions, c'est de les offrir à votre créativité et à autrui!

Quand vos blessures vous pèsent et masquent votre vraie personnalité

Les blessures émotionnelles sont aussi vives que les plaies les plus profondes. Malgré les efforts que vous faites pour les aider à se cicatriser, la vie provoque parfois des situations qui vous montrent qu'au fond de vous, subsiste une douleur intense, qui ne se calme que lorsque vous y appliquez le baume magique puisé dans votre cœur : l'Amour. Poser des mots sur des épreuves difficiles nécessite de se sentir prêt à revivre ce qui est douloureux pour l'extraire définitivement et aborder le présent plus sereinement.

Comment faire pour regarder en face l'histoire biographique de vos blessures sans plonger dans la faille prête à vous engloutir?

Cela demande beaucoup de courage et de détermination, pour aller jusqu'au bout du processus et pour réussir à vous libérer de ce poids qui vous freine dans votre vie à chaque instant. Lorsque vous vivez avec vos blessures, vous n'êtes jamais serein. Chaque situation de la vie vient vous confronter au réveil de vos souffrances qui se réactivent instantanément dans votre corps et dans votre esprit. Votre subconscient est malheureusement, le gardien de ces souvenirs que vous pensiez avoir effacés depuis de longues années.

En effet, les blessures émotionnelles se produisent dès l'enfance et perdurent au-delà de la vie d'adulte. Pourquoi à 50 ans, auriez-vous encore des réminiscences d'un traumatisme subi à 6 ans ? Parfois, vous êtes surpris de ressentir cet impact toujours vivace. Toutes les fois que vous revivez une situation similaire, vous avez l'impression de revoir le même film de vos émotions et cela vous fait souffrir terriblement et vous en êtes désarçonné !

« Le temps permet d'oublier pas de réparer ! »

Blessures de manque d'amour: quand l'amour ne se calcule pas!

Les blessures d'amour sont infligées à l'estime de soi et ne trouvent leur guérison que dans le pardon et dans l'acceptation. Lorsque la porte du cœur reste fermée, chacun résiste et se fait plus mal.

Savoir aimer est donc primordial dans la vie de chaque être et ce dès l'enfance. On ne peut refouler ce sentiment vital. Chacun, en apprenant à éduquer son enfant, en remplaçant les reproches par de la bienveillance, sans le juger et sans le détester pour ses hésitations ou ses difficultés, lui perrmet de réparer ses ailes après chaque chute et de se relever pour reprendre son envol avec assurance et avec détermination. Il ne s'agit plus de chercher à l'emprisonner, pour le surprotéger, et pour le garder dans une cage dorée, au risque de le voir s'étioler et se faner jusqu'à perdre la raison de vivre.

« Accueillir un enfant dans l'amour inconditionnel est la règle d'or de l'éducation pour éviter les blessures émotionnelles! »

Lorsque l'amour est illimité, on ne doute jamais de l'autre. On lui apprend à grandir et à s'épanouir sans être envahissant. On sourit à son bonheur tendrement, on compatit à sa peine, on accepte ses erreurs. On lui communique une persévérance infaillible, qui le porte à se surpasser. On lui enseigne la constance et la patience. On l'honore dans son individualité et non pour son exemplarité. On cultive sa singularité avec beaucoup de tolérance. On l'aide à construire sa confiance en la vie ! Chaque enfant comprend ainsi l'importance d'aimer et de s'aimer avec sincérité dans son authenticité d'être, sans peur d'être comparé aux autres, pour développer ses goûts en toute liberté. Il n'y a plus d'exigence, tout se vit avec indulgence et en toute transparence. Nul n'exerce un contrôle sur le droit de vivre de l'autre. L'éducation parentale devient ainsi le socle essentiel de l'estime de soi, et de la douceur d'être, comme les maîtres d'œuvre de l'édifice de la personnalité de chaque enfant. Celui-ci pourra aborder sa croissance individuelle avec l'amour de soi comme seul guide plus sereinement !

Aimer l'autre sans condition, c'est se mettre à sa véritable hauteur.

Lorsqu' on accepte l'autre comme il est et lorsqu'on l'aime totalement, il s'accepte et il s'aime aussi. C'est l'unique chemin de vérité qui empêche la souffrance et les blessures. Aimer est un don de soi à chaque instant, un pardon spontané à chaque seconde, un élan du cœur à chaque minute, il n'y a plus de contrôle de l'esprit, il y a uniquement un mouvement rempli de chaleur vers l'autre pour l'élever. Toutes les blessures d'amour guérissent quand on les plonge dans un bain d'affection et de compréhension au pouvoir régénérant, tendre et réconfortant et aux senteurs d'une confiance renouvelée !

Il faut donc fuir ceux qui ne savent pas vous aimer, vous êtes si précieux ! Accordez-vous ce droit d'être aimé, vous le méritez. C'est cette validation qui guérira toutes vos blessures définitivement. L'amour vrai n'a pas de limite! Créez ce qu'il y a de meilleur pour vous !

Quand les blessures intérieures s'expriment et s'impriment dans votre vie!

Un rien réveille vos émotions désagréables. Le sentiment de rejet par exemple, apparaît à chaque fois que vous vous ouvrez aux autres et que vous vous heurtez à un terrible mur qui vous renvoie au miroir inconscient de votre état d'esprit, c'est-à-dire à ce sentiment de ne jamais compter pour personne. Vous souffrez, lorsque vous ne vous sentez pas apprécié à votre juste valeur, vous avez l'impression de ne pas être respecté et cela impacte votre estime de soi. Personne ne vous comprend vraiment et chacun s'impose à vous sans voir vos désirs réels et votre vraie personnalité. C'est comme si vous étiez invisible ! Vous entendez résonner l'écho douloureux de la blessure de rejet que vous avez subie quand vous étiez petit dans votre famille. Et à chaque fois, la souffrance est plus grande ! Personne ne connaît vos besoins ni vos manques ! Il est temps de les exprimer pour être compris !

Votre réaction est l'écho de vos souffrances émotionnelles

Il vous faut apprendre à réagir autrement sans chercher la validation dans le regard des autres mais plutôt en changeant votre attitude. Plus vous vous affirmez dans votre singularité, plus vous devenez puissant ! Plus vous êtes cohérent avec vous-même, plus vous savez ce que vous voulez et ce que vous ne voulez plus, vous fixez vos propres limites pour ne pas être manipulé ou envahi. Vous n'êtes plus jamais en attente de la reconnaissance des autres. Vous cultivez votre fierté personnelle, vous gagnez en autonomie et en assurance dans la gestion de votre vie. Plus vous vous aimez fort malgré vos imperfections, plus la vie vous aime, elle aussi, de plus en plus fort et personne ne peut plus vous faire du mal car vous ne leur donnez plus cette autorisation ! Vous mettez un baume d'amour sur votre blessure de rejet en ne donnant plus à l'autre, ce droit de vous heurter dans votre sensibilité !

L'amour de soi est l'élixir qui vous guérira de toutes vos blessures émotionnelles...C'est l'antidote magique !

Derrière toutes vos blessures liées à l'enfance, vous portez en vous quelque chose de rare et de précieux, votre Sensibilité. C'est l'or de votre être, c'est le cœur de votre âme. Laissez-la vous apprendre à toucher à la plus belle part de vous-même et embrassez vos fêlures pour les réparer. Le silence intérieur apaisera toutes vos peines ! Vous êtes votre propre réconfort, vous savez comment vous guérir si vous écoutez le chant de votre âme et la mélodie de votre intériorité. En prenant conscience de cela, vous affrontez les blessures qui vous hantent afin de mieux en comprendre les causes pour y apporter des solutions de guérison.

N'ayez pas peur de vous-même ! Osez apparaître au grand jour sans peur du regard des autres. Autorisez-vous vos imperfections ! Apprenez à prendre votre place en vous affirmant vraiment ! Ouvrez-

vous totalement à votre épanouissement personnel ! Sortez de votre zone de confort qui vous servait de refuge jusqu'à maintenant et enlacez la vie pour une danse d'amour avec ce que vous êtes vraiment, à la fois, votre force et votre fragilité, votre colère et votre douceur, votre peur et votre confiance. Unissez-vous intérieurement à vos blessures et c'est à travers cette unité que vous deviendrez pleinement vous-même ! Plus vous arriverez à regarder en face ce qui vous fait souffrir, plus vous réussirez à atténuer ce mal !
Considérez vos blessures émotionnelles, comme une occasion de vous transformer. Ne ratez pas l'occasion de vous libérer de leur écho. Elles sont une part de vous et elles vous appartiennent, quand vous apprenez à les comprendre, elles cessent d'être vos ennemies, elles s'apaisent pour disparaitre. Quand vous les acceptez, comme une mémoire de votre vie et une expérience pour vous faire grandir, vous commencez même à les aimer car elles sont une parcelle de votre identité.

La créativité au sein de votre être ne peut que vous permettre d'effacer les stigmates de ce qui vous empêche de vous épanouir. Plus vous regardez la vie comme un nouveau chapitre à écrire, plus vous vous donnez l'autorisation de créer, selon vos envies, ce qui vous fait du bien, ce qui vous réconforte pour bercer vos blessures qui se cicatrisent enfin ! C'est parce que vous cessez de les fuir qu'elles se sentent aimées et comprises pour être libre de vous reconstruire vraiment ! Laissez l'énergie de vie vous libérer et agir au cœur de vous-même et vous vous sentirez enfin en sécurité, pour vous ouvrir aux vibrations de votre bonheur grâce à l'acceptation et au lâcher-prise !

Réflexions sur la vie

L'amour guérit tout

L'amour guérit tout, il panse vos plaies, il essuie vos larmes
Il vous console, Il pardonne
Il fleurit, il s'épanouit
Il vous donne la force de tout dépasser
Il est votre élixir de vie

Il est à la fois l'amour que vous portez aux autres mais surtout l'amour que vous ressentez pour vous-même.
Lorsque vous cessez d'être en attente de cette affection de la part des autres, vous vous ouvrez au monde. Vous comprenez que la solution réside en vous, car l'amour a des pouvoirs magiques inimaginables. Vous pouvez en user et en abuser sans modération, il vous donne foi en vos forces et en vos possibilités intérieures.

S'aimer n'est pas un acte égoïste à partir du moment où il s'agit de l'amour de soi et non de l'image que vous souhaitez pour flatter votre égo.
S'aimer n'est pas un acte narcissique ou égocentré, c'est au contraire enlacer la vie avec son cœur en toute sincérité.
C'est comprendre que lorsque vous vous acceptez comme vous êtes, avec vos particularités, avec votre authenticité, avec votre richesse, vous vous éloignez de la fausseté, des mensonges, des faiblesses, vous vous élevez vers ce qui est meilleur en vous.
Le manque de confiance en soi est le signe du désamour que l'on éprouve à notre égard. On attend tellement des autres que l'on finit par devenir esclave de ce qu'ils veulent que l'on soit.

Est-ce cela s'aimer? Agir sans aucune liberté ? Dépendre de la volonté des autres? N'exister que dans leurs regards? Plaire? Impressionner ? Se façonner selon ce qu'on voudrait qu'on pense de nous?

Non, l'amour de soi est bien plus grand que cela. Il est tellement immense qu'il va au-delà de votre être. Il rayonne avec une telle intensité qu'il vous enveloppe et vous illumine.

Lorsque vous êtes amoureux, les signes de cet amour se perçoivent dans votre attitude.
Votre cœur vibre, vos yeux brillent, votre visage resplendit, vous êtes éclairé par cet amour.
Lorsque vous vous aimez, c'est pareil, tout votre être est magnifié comme transcendé par cet état qui vous donne force et assurance.

A partir du moment, où vous est êtes en accord avec vous-même, autour de vous, tout s'harmonise.
Vous vous transformez chaque jour, nourri par cette sève permanente qui vous permet de vous épanouir.
L'important n'est plus alors ce que les autres pensent de vous mais le fait que votre attitude reste positive en toute circonstance

Mais quel est donc cet amour réparateur et bienfaiteur?

Quel est donc cet amour qui console et qui grandit ? Celui qui guide vos pas et vous mène au cœur de vous-même?

Cet amour-là n'est pas chez les autres.
Il ne vient pas d'ailleurs, il est juste en vous, subtilement et délicatement caché en vous.
Il faut juste apprendre à partir à sa quête, là, à l'intérieur de vous, au fond de ce puits magique et infini se trouve sa source.
Là où il faut accepter de plonger sans peur, juste pour le cueillir et l'accueillir en vous.
Cet amour absolu qui apporte joie de vivre et élan, régénération et création, harmonie et réconciliation.
Il vous donne avant tout confiance en la vie, il remplit tous vos manques et chasse vos peurs.
On en goûte la douce saveur et le délicieux bonheur quand on est présent à soi.
Il n'est ni fabriqué ni inventé, juste ressenti, juste perçu, il vous nourrit…

Il faut donc s'aimer suffisamment et de manière inconditionnelle pour extraire cet amour de toutes les couches épaisses qui l'emprisonnent, du mensonge et de la fausseté, de l'hypocrisie et de la jalousie, de la colère et de la mélancolie. Il faut arrêter de le chercher à travers mille relations, de l'acheter dans des biens de consommation, de l'attendre désespérément des autres. Lorsqu'on libère cet amour en soi, l'énergie de tout notre être rayonne.

L'amour de soi

Il réparera tes blessures, comblera tes fêlures.
Il habitera tes erreurs et te transformera.
Il t'illuminera de ses belles couleurs.
Et teintera ta vie de sa splendeur.
Tu en recueilleras les plus heureux bienfaits.
Et surtout le sentiment d'exister en accord avec toi-même.
Dans la sérénité et dans la paix.
Dans l'écoute et dans l'harmonie.
Alors n'attends plus, personne ne t'aimera vraiment, si tu ne t'aimes toi-même.

Ferme les yeux et aime-toi plus fort que tout et tu créeras ta vie selon tes goûts et tu oublieras les émotions désagréables qui te freinaient jusqu'à ce jour !

Fragment poétique

Vibrations

Boire des gorgées de soleil
Humer le parfum de nos espoirs
Sourire à l'oiseau qui chante sa ritournelle
Graver l'instant qui nous éclaire dans le noir

Cueillir une brassée d'émotions
Peindre la douceur de vivre
Faire de la fantaisie notre récréation
Explorer ce qui nous enivre

Tomber amoureux de soi
Aimer cet autre qu'on ne connait pas
S'offrir une parenthèse de joie
Devenir un pont qui nous mène là où on ne sait pas

Lâcher prise mais tenir bon en riant
Se bercer dans un croissant de lune
Écouter sa mélodie en chantant
Embrasser les parts de soi une à une

Créer sa vie à l'aquarelle
Dessinez avec ses doigts
Son coeur qui bat
Et qui s'émerveille

Prendre une étoile
Et la déposer sur sa toile
Et la regarder illuminer
Notre destinée…

> *« L'amour de soi est une idylle qui ne finit jamais. »*
> *Oscar Wilde*

Chapitre 10: L'amour de soi comme axe sacré de votre créativité

L'amour de soi est la clé de votre épanouissement créatif!

Lorsque vous vivez à distance de vous-même dans un rapport défaillant à votre être véritable, vous êtes tourné uniquement vers l'extérieur dans l'attente d'une reconnaissance des autres. Même quand vous rencontrez du succès, il demeure en vous un sentiment d'insatisfaction indescriptible, comme une impression d'un manque ou d'un besoin. Vous n'arrivez pas à savoir au final ce qui vous empêche d'être pleinement heureux.

Toujours attendre des autres une validation est un signe que vous n'êtes pas en phase avec vous-même! *Comment des personnes extérieures pourraient-elles mieux vous connaître?*

Au fil de votre vie, quand vous développez votre talent intérieur, vous prenez conscience que la conquête d'une qualité de relation de soi à soi, dans une présence plus attentive à ce qui vous anime au plus profond de vous, permet de déployer en grand la créativité de votre être, pour répondre à cet appel intérieur que vous entendez enfin et qui vous ramène à une autre manière de voir la vie.

Vivre devient une priorité et signifie, s'emboiter dans chaque seconde qui passe. C'est comme caresser le temps avec votre cœur. C'est vous offrir à vous-même, une pleine écoute de ce que vous désirez vraiment, en vous focalisant sur ce qui vous procure une joie ineffable, et non sur ce qui vous tiraille ou sur ce qui vous assaille. C'est grâce à ce rapport plus doux et plus bienveillant que vous pouvez accueillir avec tendresse vos moments de doutes, vos souffrances profondes, vos cauchemars terribles, quand tout vous fait peur et cela, sans culpabiliser. Vous vous autorisez à vivre en toute liberté vos émotions, sans chercher à les masquer. Vous vous laissez être enfin pleinement!

Le non-jugement devient pour vous une base plus solide et plus confortable qui vous permet d'ériger vos projets de vie dans une intention d'élévation et non plus de simple confort ! Chaque minute s'habille de votre attentionplus soutenue à vos envies, à vos rêves. Il ne s'agit plus d'ambition froide et démesurée mais toujours d'une recherche de plus de justesse et d'accordage à votre existence!

La vie cesse d'être une simple routine avec des habitudes et avec des principes, elle devient une merveilleuse aventure de chaque instant où le culte de la nouveauté vous permet de ne plus vous ennuyer. Ce n'est plus une expérience sans ancrage, c'est au contraire embrasser tous les possibles dans une soif de tout connaître, de tout comprendre pour mieux exister en ouvrant votre regard vers l'infini !

Le vide devient un espace à remplir! Le plein déborde vers les autres pour les inciter à leur tour à partir à la découverte de leur propre créativité! Vous rayonnez de cette unité parfaite entre votre corps et votre esprit à travers la chaleur humaine que vous dégagez et qui s'incarne dans ce que vous laissez enfin s'exprimer, pour devenir le centre de toute relation aux autres. C'est à travers la recherche de cette réciprocité que vous communiquez dans un échange constant de ce qui vous anime intérieurement, à chacune de vos rencontres et qui vous permet de développer plus de compassion et plus de gratitude !

Plus vous apprenez à vous aimer, plus vous vous connectez à tous vos talents cachés, à toutes vos potentialités jamais exploitées ! Vous ne craignez plus rien, vous devenez curieux, vous vous découvrez dans une tendre complicité ! Vous riez face à vos hésitations, vous trépignez d'impatience pour voyager en vous-même pour aller chercher votre inspiration. Vous devenez gourmand de ces moments précieux de rendez-vous avec vous-même pour faire émerger de nouvelles idées encore plus colorées et plus innovantes.

Vous ne vous fuyez plus, vous vous aimez! Et vous trouvez du temps pour vous le dire, pour vous consacrer à prendre soin de vous. Et vous prenez conscience que cela vous donne plus de confiance en vous jusqu'à voir s'ouvrir un espace vierge à décorer.
L'amour de soi devient l'axe sacré de votre rapport à la vie. Votre créativité se nourrit de cet élan majestueux d'aimer plus fort la vie! Plus vous vous aimez, plus vous utilisez votre talent comme un baume apaisant qui vient radoucir votre rapport à vos souffrances qui finissent par s'évaporer!

Atteindre sa sérénité, c'est se rapprocher de soi, en ne laissant plus à quiconque, la possibilité de vous faire douter. Quand vous vous aimez inconditionnellement, vous n'êtes plus en attente de l'affection des autres et vous gagnez en proximité avec vous-même et vous laissez votre créativité créer votre vie ! La pensée est créatrice, c'est ce que vous retenez, vous apprenez donc à la discipliner pour un mental plus léger, plus optimiste et plus positif!

Faites confiance à votre force de vie. Confiez-lui vos peines et laissez faire votre mouvement sensoriel, celui qui s'anime dans votre intériorité, pour vous guider quand vous vous recentrez pour écouter, cette petite voix intérieure qui dicte vos intuitions. Vous apprenez alors à diluer vos émotions trop lourdes jusqu'à les voir se transformer en des impulsions créatives et créatrices.

Répétez tous les jours cette petite phrase pour vous apaiser comme un petit refrain musical à fredonner dans votre tête: « *je me reconnais et je m'aime chaque jour un peu plus fort.* »

S'aimer est plus fort que d'être aimé, alors allégez-vous de ce qui vous pèse, pour votre paix intérieure ! Ne passez pas votre vie à être spectateur des autres, devenez l'expression de votre être!

Montrez qui vous êtes avec des mots, avec des chansons, avec des recettes... Utilisez ce qui vibre en vous pour extérioriser cet amour de vous-même ! Témoignez de cette force de vie! Donnez envie aux autres de faire pareil. Vivez plus grand ! Ouvrez-vous à l'amour qui est la solution à tout! Il suffit juste d'y croire et de l'expérimenter !

Réflexions sur la vie

Comment atteindre cette sérénité en 5 étapes?

1. **Si on ne vous aime pas pour ce que vous êtes, ne vous forcez pas à plaire à tout prix, ses efforts sont inutiles et épuisent votre énergie.** Dites-vous tout simplement que ce chemin n'est pas le vôtre et que le meilleur vous attend ailleurs.

2. **Laissez venir à vous les personnes qui vous ressemblent car elles sont plus nombreuses que vous ne le pensez.** Elles n'attendent que vous. Faites-leur de la place en ouvrant votre cœur!

3. **Soyez conscient de vos qualités et de votre valeur.** Ne laissez plus personne vous dévaloriser. Fuyez ceux qui vous font vous sentir petit. Redorez votre estime personnelle en étant fier de vous, de votre parcours, de votre persévérance et surtout de votre résilience! Faites taire votre égo !

4. **Ouvrez les bras pour accueillir la vie en grand.** Cessez de vous démoraliser pour ce qui ne vous appartient pas. Chacun fait ses choix et doit les assumer. Ne vous enfermez pas dans un sentiment de culpabilité, redonnez à chacun ses responsabilités.

5. **Ne perdez plus votre temps à essayer de comprendre les mauvaises attitudes des autres.** Pardonnez, remerciez la vie pour cette expérience et poursuivez votre chemin. Inutile de chercher à vous justifier pour qu'on vous comprenne. Quand vous comptez pour quelqu'un, vous n'avez pas besoin de chercher à convaincre, tout se fait tout seul.

Fragment poétique
Carpe Diem

Cueille chaque jour comme si c'était le dernier

Aime, aime, aime, la petite graine que tu sèmes au vent
Change de scène, change de thème, c'est un moment pour toi
D'exprimer ta joie, de créer ton Monde, ta propre Loi
Pour exister pleinement, pour danser l'instant

Laisse le jour devenir ta Muse et la nuit être ta plume
Comme la libellule qui sort de sa bulle d'amertume
Il est temps pour toi d'écrire la musique de tes envies
Comme le papillon qui sort de son cocon d'ennui
Il est temps pour toi de libérer ton énergie

Aime, aime, aime la mélodie de ton âme qui résonne en dedans
Celle qui traverse tous les drames qui t'apprend à rester dans ta Foi
Même quand tout se déchaîne et que tu pleures d'effroi
Apprends à devenir le socle de ton temple, ici et maintenant

Laisse tes émotions sortir de leur prison, apprivoise tes tourments
Comme une pluie de soleil, qui rayonne et rallume les sentiments
Il est temps pour toi de fuir les impasses
Comme le vent qui efface toutes les traces
Il est temps pour toi de chasser les menaces

Il est temps de grandir vraiment
Il est temps de t'offrir ce cadeau d'être présent
Présent aux autres, présent au monde, Présent et Vivant
Laisse ton élan devenir ton moteur de vie
Laisse tes ailes se déployer pour s'ouvrir en grand
Il est temps de cueillir l'instant
Carpe Diem, carpe Diem
Aime ce temps, aime qui tu es vraiment

Atelier pratique: 10 clés pour réveiller votre créativité. Comment faire émerger votre talent intérieur?

1. **Posez-vous dans le silence pour apaiser votre mental trop agité.**
   Apprenez à vous recentrer sur qui vous êtes vraiment au fond de vous : fermez les paupières, écoutez le silence pour vous vider l'esprit, pour vous calmer, puis ressentez ce qui vous fait vibrer intérieurement. Accueillez les pensées agréables qui se donnent! Rouvrez les yeux et laissez les sensations corporelles s'incarner dans votre vie quotidienne à travers la danse, la musique, la cuisine, le bricolage, le jardinage, l'écriture,… Ressentez les bienfaits de cette mise en mouvement dynamique à travers la circulation d'une douce et profonde chaleur de votre cœur à tout votre corps jusqu'à résonner jusque dans votre âme!

2. **Epurez vos émotions!**
   Quand vous êtes en proie à des émotions désagréables, apprenez à les évacuer. Utilisez des activités comme le sport, la chanson, le dessin,… Un support d'expressivité qui vous servira d'exutoire pour apaiser ce qui ne va pas, pour détoxifier vos émotions négatives. Validez cette manière de vous recentrer pour traverser vos tempêtes intérieures! Si vous avez du mal à trouver votre technique personnelle de retour au calme, essayez différentes méthodes jusqu'à vous accorder avec ce qui vous ressemble le plus, qui deviendra votre point d'appui, pour vaincre vos difficultés, en retrouvant rapidement votre stabilité et votre solidité!

3. **Apprenez à mieux vous connaître**
   Qu'est-ce qui vous fait du bien? Qu'est-ce qui vous inspire et vous fait vibrer? Qu'est-ce qui vous fait pétiller en vous? Essayez différents loisirs et éveillez-vous à ce qui s'emboite totalement dans votre manière d'être et qui ne vous cause ni stress, ni pression, jusqu'à vous faire dire : « *je suis en phase avec moi-même quand je fais cette activité, ça me fait penser*

à autre chose, ça me vide la tête! » Changez ainsi de rapport à vos problématiques, regardez-les sous un autre angle, pour trouver la solution la plus juste et la plus bénéfique.

4. **Titillez votre créativité.**
   Laissez-la vous caresser l'âme jusqu'à vous donner envie de la partager en grand avec les autres. Et ressentez cette fierté, non pas dans votre égo, mais dans votre cœur. Et faites de ce talent votre meilleur ami, votre confident, votre allié pour la vie ! Laissez-le vous aider à traverser les obstacles qui freinent votre épanouissement : vos peurs, vos doutes, le sentiment de dévalorisation, de rejet ou de trahison…Vivez votre créativité sans timidité, participez à un spectacle même en petit comité. Existez à travers votre art! Signez avec tout de vous et élevez-vous vers ce qui vous porte! Osez et devenez votre expressivité!

5. **Promenez-vous dans la nature.**
   Contemplez chaque élément de la nature comme un magnifique tableau. Appréciez chaque souffle du vent. Exclamez-vous devant chaque petite fleur avec ravissement. Emerveillez-vous en écoutant le chant des oiseaux ou en admirant la beauté de l'aurore. Souriez à la rose qui éclot. Embrassez du regard le soleil qui s'éclipse dans un ballet des plus belles lueurs! Photographiez avec vos yeux, la beauté de la nature qui se donne en spectacle. Prenez conscience que vous êtes une parcelle de ce monde vibrant et vivant! Renouvelez ces temps d'immersion dans la nature aussi souvent que possible! Savourez-le pleinement!

6. **Offrez-vous des petits plaisirs!**
   Invitez de la douceur dans vos duretés: massages, câlins, gourmandises, retrouvailles entre amis… Soyez bienveillant avec vous-même en respectant vos petites envies! Ne vous jugez pas et ne vous sentez surtout pas coupable. Consacrez-vous sufisamment de temps pour vous faire du bien à travers une petite liste de tout ce qui réussit le mieux à créer de la joie et du plaisir dans votre vie!

7. **Rendez hommage à la joie chaque jour.**
   Souriez en étirant vos zygomatiques pendant 2 à 3 minutes, en vous forçant au départ, puis riez de bon cœur, en laissant venir le rire franc et libérateur qui fait danser votre coeur ! Ayez toujours l'esprit léger! Utilisez l'humour comme voie de détournement pour malléabiliser les difficultés relationnelles quand vous communiquez avec les autres! Plaisantez, souriez, devenez plus jovial et plus avenant!

8. **Pratiquez votre activité préférée chaque jour.**
   Laissez toutes vos sensations corporelles se libérer quand vous faites une activité physique. Uilisez tous vos sens pour ouvrir votre perception aux effets que cela produit en vous ! Ressentez la circulation libre et tonifiée de votre énergie. Sautez, courez, marchez, transpirez et respirez profondément! Accueillez ce qui vous touche ou ce qui vous émeut! Ouvrez votre cage thoracique pour redonner de la place à votre coeur! Sentez-le plus libre et plus joyeux!

9. **Dansez et amusez-vous!**
   Faites quelques pas de votre danse préférée, bougez votre corps au rythme que vous choisissez puis ressentez votre place dans cet espace en action et appréciez le sentiment de liberté d'appartenir à ce Monde! Accordez-vous un moment de danse plus lente pour apprécier votre déplacement plus savoureux et plus libre au contact de l'air. Devenez comme un équilibriste qui marche sur un fil, laissez votre énergie se réveiller et dynamiser votre vitalité.

10. **Aimez-vous!**
    Oui, aimez-vous sincèrement et à la folie ! Regardez-vous dans le miroir de votre âme, voyez au-delà de vos imperfections, admirez la beauté de ce que vous dégagez, quand vous êtes animé de votre élan créatif. Vos yeux qui brillent, vos lèvres qui sourient, votre visage qui s'illumine, vos mains qui se réchauffent, votre corps qui devient plus léger. Soyez amoureux de votre êtreté!

Fragment poétique

Au spectacle

Se promener calmement dans la forêt de ses pensées
Se réhydrater sous la cascade sacrée
Se parfumer à l'eau des roses
Respirer au cœur de cette pause
Rire avec les papillons colorés
Reprendre son souffle et se relever
Enfiler des graines de fantaisie
Offrir ce collier à des enfants qui sourient
Dessiner avec ses mains le coucher du Soleil
Se nourrir du miel à la table des abeilles
Prendre une plume et chatouiller l'humanité
Rire de son air agacé et la laisser s'éveiller
Devenir aussi léger qu'un voile
Se parer de mille étoiles
Marcher pieds nus dans l'herbe mouillée
Dormir sous un ciel enchanté
S'étendre sur un lit de pétales
Chercher le Graal
Prendre un selfie sous la pluie
Contempler un oiseau dans son nid
Se regarder briller dans le reflet de la lune
Rêver d'une course sur les dunes
Aller à un rendez-vous galant avec la vie
Et lui déclarer son amour à la folie.

A votre tour, créez!

Vous vous dites sans doute que vous n'avez aucun talent ! Qui parle? Vous ou vos peurs? Vous ou votre pudeur? Vous ou le sentiment de dévalorisation qui vous habite?

- Faites une liste de vos activités préférées, de vos envies refoulées! Donnez-vous pour défi de reprendre un loisir délaissé ou de vous offrir du temps pour vous initier à quelque chose d'inédit! Partagez le résultat avec un ami, un proche, surprenez-le, surprenez-vous par la même occasion par votre créativité en ébullition! Goûtez à la sensation de la « première fois » et n'hésitez pas renouveler ce qui vous fait du bien!
- Donnez-vous un planning pour redorer le blason de votre estime de soi de 0 à 10: "*je m'aime, je suis génial, je suis fabuleux, je me trouve incroyable....*" Enumérez toutes ces fois ou vous avez fait quelque chose de fabuleux à vos yeux, vos petites victoires! Ecrivez une chanson pour vous le dire! Dansez la mélodie de votre cœur! Riez et recommencez !
- *Que savez-vous faire qui vous paraît minime?* Faites-le et exposez le résultat (en photo) sous vos yeux et faites-vous des compliments à ce sujet. Félicitez-vous de ce que vous avez réalisé! Racontez-le à quelqu'un de proche! Vantez-vous de cette action! Dites « *je ne me croyais pas capable de le faire...* ». Puis accomplissez un autre exploit...
- Valorisez vos élans créatifs même si cela ne vous paraît pas spectaculaire! Appréciez surtout de pouvoir vous exprimer à travers quelque chose! Utilisez cela quand votre humeur devient sombre jusqu'à ce que cela devienne un canal de motivation, un booster de vie et d'énergie !
« *J'ai envie de ...* » Ressentez toutes les sensations agréables! Renouvelez l'expérience le plus souvent possible! Devenez progressivement plus créatif, plus créateur de votre vie! Ecoutez votre inspiration dans l'instant présent! Souriez à votre vie!

Réflexions sur la vie

Qu'est-ce qui vous empêche de vivre pleinement en étant heureux?

Avez-vous déjà réfléchi à ce que serait votre plus grand bonheur? Peut-être avez-vous envie que tout dans votre vie soit plus harmonieux et plus serein? Peut-être voulez-vous ressentir comme une bouffée de paix intérieure qui vous permettrait de vous relâcher totalement et d'éloigner les tensions et les complications qui vous prennent la tête dans votre vie quotidienne incessamment? Peut-être avez-vous besoin de retrouver cet état de calme qui vous envahit quand vous réussissez à lâcher prise et que vous plongez en vous-même dans cet état méditatif qui vous mène, au cours de vos introspections, à côtoyer cette part de vous qui vous apaise et vous fait du bien mais que vous avez pourtant beaucoup de mal à revivre dans votre quotidien ?

Comment faire pour vivre plus heureux, plus détendu, plus confiant ? Comment trouver cet état de contemplation ou d'émerveillement qui vous met en joie et qui vous fait pousser des cris de plaisir qui vous viennent quand tout paraît soudain en symbiose dans votre vie, comme si tout s'emboitait parfaitement et résonnait en vous pour vous faire comprendre que vous avez enfin trouvé la justesse de ce qui vous accorde à vous-même et vous aligne à votre existence ? Comment atteindre cet état de plénitude qui vous fait rêver? Cette manière d'accueillir la vie comme elle vient sans y réfléchir par avance, sans calculer, sans attendre, en éloignant les ruminations du mental ? Avez-vous déjà vécu des moments d'intense jouissance avec cette impression que tout était en accord sans effort de votre part ? Savez-vous profiter de l'instant présent sans penser, sans vouloir, juste en le savourant?

Autant de questions pour vous pousser à mieux comprendre comment fonctionne le vrai bonheur, celui qui vient à vous quand vous savez ce que vous voulez vraiment ou ce que vous ne voulez plus, quand vous arrêtez tout simplement de vouloir mais de laisser faire le mouvement naturel de la vie qui sait ce qui est bon pour vous !

Goûter à la vie, quel plaisir intense!

Soudain, vous voyez d'autres couleurs se poser autour de vous! Comme si vous étiez capable de voir autrement, de regarder plus intensément, de vous immerger dans ce qui vous échappe habituellement quand vous êtes perdu dans vos pensées tumultueuses, celles qui ne laissent aucune place au bonheur mais qui collent à votre manière de voir la vie, un filtre déformant pour grossir les défauts humains, pour zoomer sur les situations absurdes, pour vous faire voir en gros plan, tout ce qui ne va pas, et pour vous empêcher d'observer ce qui est si beau à vivre dans l'instant présent! Tout n'est ni blanc, ni noir, ni gris d'ailleurs, tout est coloré de vos humeurs, de vos émotions mal gérées, de vos blessures non cicatrisées !
 Et si vous arrêtiez de regarder la vie avec rancœur! Si vous appreniez à dire stop à cette manière habituelle de voir les choses! Vous allez dire: « *Facile, mais on fait comment?* » Je vous répondrai qu'il n'y a pas de remède magique ni de recette miracle mais que le fait que vous preniez conscience que vous pouvez agir sur votre bonheur, vous rend puissant et vous détourne de ces pensées sombres qui prédominent, quand vous devenez pessimiste à la fois exigeant et hyper contrôlant et que vous ruminez incessamment le passé qui vous tourmente! C'est maintenant qu'il faut vivre, c'est maintenant que vous devez créer la vie qui vous ressemble!

Le tout, c'est de le souhaiter avec votre cœur pour transformer cette nécessité intérieure en une intention sur laquelle vous pouvez poser une attention plus soutenue, la seule qui en vaille vraiment la peine ! Il ne s'agit pas d'en faire une obsession, cela ne vous mènerait nulle part, si ce n'est à vous battre contre des résistances inutiles pour aller à contresens du chemin de votre bonheur ! Plus vous aurez pour intention de vous rendre disponible et accueillant intérieurement pour vivre l'instant présent, plus vous le ressentirez au fond de vous, non pas dans votre mental volontariste et prédominant mais dans votre perception déployée, non focalisée et ouverte aux belles surprises de la vie ! Quand la perception prend le pas sur l'action alors vous ne dirigez plus votre vie avec votre tête mais vous laissez enfin votre cœur s'ouvrir pour aller cueillir les moments de bonheur qui sont là devant vous à proximité ! Tout est dans votre attitude intérieure, dans votre manière de regarder la vie non pas de manière fermée, mais comme un immense espace où tout se renouvelle à chaque instant pour créer des vagues de bonheur sans rater la prochaine, par votre inattention ou par votre agitation. Se laisser porter bien au-delà de vous-même, au cœur de la nouveauté de chaque instant, tout là-haut au sommet, dans l'élévation de votre conscience et de votre énergie! C'est magique quand on se laisse vivre vraiment!

La vie n'est pas une longue suite de répétitions de vos habitudes, même au cœur de ce que vous faites chaque jour, vous pouvez à chaque fois inviter de la nouveauté : *partir plus tôt, changer d'itinéraire, admirer la nature, faire une nouvelle expérience gustative, changer de style vestimentaire, changer de couleur dans votre bureau, vous offrir un magnifique bouquet de fleurs, vous faire des compliments, sourire aux autres, ... !*

Si chaque jour, vous créez une petite chose nouvelle dans vos habitus, vous êtes sûr de moins vous ennuyer et de sortir de votre vie monotone ! *D'où vient cette monotonie d'ailleurs, de vous-même sans nul doute ?* Personne d'autre n'est responsable de votre humeur quotidienne et de ce que vous vous imposez intérieurement dans votre manière de ressentir la vie ! *Qu'est-ce qui vous met de bonne humeur ?* C'est à l'intérieur de vous que vous trouverez la réponse ! Prenez le temps d'aller écouter ce qui vous met en joie dans votre intériorité ! Quand vous ressentez comme une vibration au fond de votre cœur et que celui-ci se met à se dilater pour s'ouvrir comme une fleur qu'on arrose de bonheur ! Vous savez alors que vous êtes à votre juste place ! N'est-ce pas ce que l'on appelle l'amour au final ! Ce battement plus rapide de votre rythme cardiaque qui vous fait célébrer avec tout votre corps ce qui vous donne du plaisir !

Parler avec des amis, savourer votre café gourmand, promener votre chien, photographier le coucher du soleil ... Les exemples sont si nombreux, apprenez à capturer la vie avec un autre regard !

L'amour est l'unique solution pour aller vers le bonheur de vivre! Peu importe vos problématiques, vos inquiétudes, vos souffrances. Les pensées d'amour envers vous-même et celles que vous aurez pour les autres, même au cœur des combats les plus difficiles changent la couleur de votre état d'esprit en donnant d'autres nuances à ce qui est à vivre, pour vous permettre de vous renouveler à chaque instant dans votre manière de vivre! Quand vous envoyez des pensées d'amour aux autres, même à ceux avec lesquels vous vivez des conflits, même à vos difficultés qui vous pèsent, même à vos problématiques qui vous oppressent, tout s'allège miraculeusement, car vous empruntez un autre chemin pour les vivre, celui du cœur ! Et tout se radoucit et s'améliore dans votre rapport à la vie, aux autres et au monde pour laisser la place à une confiance à toute épreuve!

N'ayez pas peur de l'amour ! Commencez par des petites étapes pour développer l'amour de soi, c'est la plus belle des solutions. Puis laissez cet amour grandir de votre cœur et se déployer vers les autres, vers tout ce qui vous vient à l'esprit et que vous avez à vivre et qui vous inquiète ou qui vous stresse. Donnez de l'amour à la vie, de l'amour, encore et encore, un peu plus d'amour ! Remplissez votre tête, votre cœur, votre esprit, votre corps et tout l'espace qui vous entoure d'amour pur et laissez déborder ce trop-plein vers la vie, vers les autres, vers l'humanité toute entière ! Quand vous vous aimez, vous devenez une source d'amour intarissable.

Vous apprendrez enfin ce que cela signifie, donner de l'amour pour en recevoir aussi, vous le méritez tellement ! Arrêtez de penser négativement à quelque chose ou à quelqu'un, vous apprendrez à regarder ce qui vous agace avec votre cœur, pour l'entourer de lumière, de chaleur comme s'il s'agissait d'un petit oiseau blessé qu'il fallait réconforter, et vous réchaufferez cette image avec votre

douceur par la visualisation et par la pensée créatrice! Celle qui existe en chacun d'entre vous quand vous arrêtez de vivre à partir de votre égo et de votre orgueil et que vous commencez à penser avec votre cœur et avec votre humilité! Regardez la vie avec amour et ayez foi en vos possibilités !
C'est difficile, me direz-vous ! Mais avez-vous seulement envie d'essayer, de tenter votre chance de ressentir le bonheur tout simplement ? Si vous n'y croyez pas, c'est que vous n'êtes pas prêt, vous préférez inconsciemment subir votre vie même si cela vous fait souffrir ! C'est votre choix ! C'est ce qui détermine la couleur de votre cœur ! Pourquoi ne pas choisir la couleur de l'amour inconditionnel qui a un pouvoir illimité et sacré ?

De quelle couleur est votre cœur aujourd'hui ? Percevez-vous sa douce chaleur en vous, quand vous vous regardez avec amour et avec bienveillance, faites la même chose pour tout ce qui vous préoccupe!

Envoyez des pensées d'amour même à vos « ennemis », à ceux avec lesquels vous êtes en conflit par exemple, c'est apaisant de le faire, non ? Voyez comment à l'intérieur de vous, soudain tout se met à pétiller autrement, comme un océan de paix qui déverse plus de tranquillité, plus d'harmonie, plus de gratitude et plus d'amour pour ce qui est, malgré tout. Et qui s'élargit pour prendre plus d'ampleur et plus de puissance. Plus rien ne peut vous perturber n'est-ce pas, si ce n'est vous-même à travers vos ressentis?
Aimer la vie et créer son propre bonheur, c'est cultiver ce sentiment de soi accompli et entier dans une parfaite globalité corps et esprit, comme si vous faisiez rayonner votre sérénité intérieure à travers chacun de vos actes ! Arrêtez de souffrir, il est temps d'aimer la place que vous décidez de prendre en étant vous-même et non dans le regard des autres! Choisissez la place de votre cœur, pour vous aimer et pour aimer votre vie en vous donnant la chance de vous transformer à chaque instant et de changer ainsi votre état de conscience !
L'amour est l'unique solution pour vivre heureux et avec les autres et pour créer de nouvelles opportunités! N'hésitez plus, aimez la vie et elle vous aimera aussi!

Fragment poétique

Réveille le monde avec ta créativité

Face au vent, je regarde le monde et ses oppressions
La Terre n'est plus ronde, elle succombe à tellement d'illusions
L'océan meurtri n'a plus envie, elle s'asphyxie d'ennui
Face au vent, je découvre un monde en dépression
La musique crie ses douleurs, le silence pleure ses malheurs
La rivière muette, se tarit et se meurt
Face au vent, je berce mon esprit
Je m'éveille au monde et je souris
Je lance en l'air les colères
Je balance la misère
Je donne vie à la vie
Je la nourris des mots que j'écris
Je dilue la pureté de sa vérité
Je transforme chaque instant en magie
Et je redonne au monde ses couleurs
Je déroule une à une ses valeurs
Je reconstruis ce qui s'était enfui
Je m'élance vers lui et je l'éblouis
Je forme une chaîne imaginaire
Je relie le ciel et la terre
J'aide les cœurs malheureux
Je redonne espoir au ciel brumeux
J'ouvre les yeux des rêves oubliés
J'insuffle en chacun la force d'aimer
Face au vent, j'admire le monde

La Terre redevient ronde quand on sait l'aimer…

« Pour ne jamais rester dans l'inertie qui tue la vie, réveille le monde avec ta passion, sois créatif et il brillera de mille feux »

Chansons positives pour réveiller votre créativité

Le Flow de la vie

Je circule dans le flow de ma vie pour percevoir celle que je deviens
Je goûte à l'essentiel d'être moi-même sur ce doux chemin qui m'appartient
J'accueille mon élan d'amour qui me nourrit qui me sourit
J'apprécie ce goût exquis d'être celle que je suis sans retenue

Et je laisse, je laisse le flow de ma vie me caresser
Et je laisse, je laisse le flow de ma vie m'apprivoiser
Je savoure son tempo délicieux qui s'étire dans mon cœur pour diluer mes peurs
Et je laisse sa lenteur savoureuse me conquérir et me délivrer
Et j'apprends, j'apprends, je comprends les leçons d'hier
J'apprends, j'apprends et je comprends le sens de mes erreurs

Je découvre un monde où brillent toutes les lueurs qui m'éclairent
Celles qui m'animent pour me faire oublier mes pleurs, mes pleurs, mes pleurs...

Et je goûte au flow de ma vie qui circule dans mon cœur dans sa douce chaleur
Et je goûte au flow de ma vie qui m'emporte aujourd'hui au-dessus de mes peurs
Et j'apprends, j'apprends et je comprends les leçons d'hier
J'apprends, j'apprends, et je comprends le sens de mes erreurs

Dans la vie, dans la vie, la déroute t'entraîne sur des fausses routes
Où tu plonges dans le doute où jamais tu ne trouves de répit

Dans la vie, dans la vie, tu avances seule au milieu de tes peines
Et tu saignes d'avoir trop voulu partager le fond de tes pensées

Mais hier n'est pas aujourd'hui tu poursuis ta vie pour vivre tes rêves
Mais hier n'est pas aujourd'hui et tu as appris de tes erreurs

Et je laisse, je laisse le flow de ma vie me caresser
Et je laisse, je laisse le flow de ma vie m'apprivoiser
Et je laisse, je laisse le flow de ma vie me caresser
Et je laisse, je laisse le flow de ma vie m'apprivoiser
Et je goûte au flow de ma vie qui circule dans mon cœur dans sa douce chaleur
Et je goûte au flow de ma vie qui m'emporte aujourd'hui au-dessus de mes peurs
Et j'apprends, j'apprends et je comprends les leçons d'hier
J'apprends, j'apprends, et je comprends le sens de mes erreurs…

"*N'hésitez pas à fredonner cette chanson pour vous mettre en lien avec votre énergie de vie!*"

Grandir

Grandir, s'ouvrir au monde, aimer ça
Grandir, s'accueillir, devenir soi

Je ne sais pas ce que la vie t'apprend
Je ne sais pas ce que toi tu comprends
Viens avec moi, tu seras Grand
Ensemble, nous défierons le temps

Le temps d'aimer la vie, de suivre son cœur
Le temps de vivre des jours en fleurs
Sur l'arbre de vie, je t'attends
Ensemble, nous deviendrons des géants,
Des géants, au-dessus de nos prisons

Regarde, là au milieu de ton cœur
Sourit un Monde meilleur
Un Monde où tu seras plus grand
Si tu apprends, oui tu apprends à cueillir ton présent
Ton présent, celui d'aujourd'hui, de maintenant
A chaque seconde, il est vivant
Quand tu l'apprécies vraiment, en étant patient

Patient pour devenir grand
Oui grand...

Grand, grand, comme l'espace, comme l'océan
Grand, grand, comme l'infini, comme le firmament
Grand, grand, comme le temps qui s'étend
Grand, grand comme le Monde qui t'attend

Si tu acceptes de devenir... Grand

« C'est parce qu'on s'élève à l'intérieur de soi en aidant les autres à s'élever qu'on devient Grand »

Je veux te toucher avec mon cœur

Laisse mes doigts t'effleurer du bout de tes peurs
Tu grandis dans ta vie
Au milieu de tes envies
Laisse mes mains épouser ton esprit
Je suis le mouvement du ciel
La course des nuages
Les couleurs de l'arc-en ciel
Tes yeux pleurent des merveilles
Je veux te toucher avec mon cœur
Laisse mes doigts traverser tes erreurs
Tu vis caché dans l'oubli
Au cœur de tes rêves enfouis
Laisse mes mains libérer ton esprit
Je suis le mouvement du ciel
La course des nuages
Les couleurs de l'arc-en ciel
Tes yeux pleurent des merveilles
Je te ferai vivre des instants de douceur
Tu voyageras très loin de tes peurs
Tu découvriras l'azur de ton âme
Tu deviendras le soleil de tes larmes
Je veux te toucher avec mon cœur
Laisse mes doigts t'effleurer du bout de tes peurs
Tu grandis dans ta vie
Au milieu de tes envies
Laisse mes mains épouser ton esprit
Viens goûter à mes mains
Explorer ton destin
Voyager dans ton cœur
Pour rencontrer ta vie
Je veux te toucher...

« Parfois il suffit juste de ressentir en soi la caresse du mouvement de la vie et d'apprécier l'espace intérieur qui se libère pour se laisser toucher au plus profond de son cœur et changer ainsi son rapport à tout ce qui nous dérange.
Il faut juste essayer, juste une fois... »

Conclusion

La créativité est l'or de la vie, c'est un livre qui me tenait à coeur pour permettre à chacun de découvrir en lui, cette force de résilience incomparable pour vivre à la lueur de sa passion, de son talent, animé par cette intention de créer un monde meilleur. Il ne s'agit pas seulement d'utiliser des compétences artistiques mais également d'apprendre à mieux gérer ses émotions! C'est une manière différente et plus intense de se réinventer à travers un feu d'artifice de sensations inédites pour se réajuster et pour créer ce qui vous ressemble. Vivre à partir de son expressivité, c'est retrouver le goût de son existence pour exister en dix fois plus grand, plus solide, plus stable, pour cultiver l'amour de soi comme phare. C'est se sentir à chaque instant plus concerné par ce que l'on fait pour devenir qui l'on est vraiment. A chaque événement difficile de la vie, il est absolument nécessaire de revenir à soi pour se reconstruire, pour se réajuster, pour se retrouver. C'est une autre façon de panser ses plaies et de penser son rapport à la vie de manière plus sensible, plus à l'écoute du flux naturel qui anime chaque être intérieurement. C'est garder toujours espoir malgré tout ce qui peut vous accabler, sans vous faire dériver ou vous laisser submerger ! C'est renouveler son rapport à soi!

La créativité est l'or de votre vie, c'est une réflexion profonde qu'il convient de mener avec vous-même pour aller vers votre essence réelle, celle de votre coeur! C'est une manière de retrouver votre voie pour exister, de libérer votre voix pour vous affirmer et de placer votre corps au centre de votre vie pour qu'elle devienne la caisse de résonance de votre harmonie! La créativité augmente l'estime de soi et permet de faire rayonner tous les talents cachés pour prouver à quel point on s'aime. C'est le chemin vers l'expression de sa plénitude intérieure, en se connectant au mouvement de la vie qui vient tout sublimer et tout magnifier! Cultivez le pouvoir de la gratitude! Prenez le pouvoir sur vous-même! Oui, vous en êtes capable, il suffit de le vouloir et de reconnaître la différence entre créer sa vie et la subir! Ouvrez-vous aux belles surprises en sortant de votre zone de confort pour vous donner plus de chance d'atteindre vos objectifs! A partir du moment où vous vous mettez à l'écoute de vous-même, vous apprenez à comprendre votre état d'esprit pour réussir votre vie!

Ne soyez plus victime de vos pensées! Transformez-les

Si certaines épreuves de la vie vous démoralisent, ne résistez pas aux émotions désagréables qui vous assaillent, regardez-les en face et laissez-les se diluer au loin. Ne vous isolez pas dans votre mal-être, passez immédiatement à l'action pour vous relever! Mettez-vous en mouvement pour chasser ces pensées toxiques par le sport, par la danse, par la peinture, par la musique ou par des petits plaisirs qui vous motivent pour vous reconnecter à votre pouvoir personnel, et pour croire que demain est toujours un nouveau jour à créer! Trouvez un exutoire pour ne pas vous replier sur vous-même et pour ne pas vous apitoyer sur votre sort! Lorsque vos pensées sont créatrices, vous apprenez à trouver la solution à chaque problème en gardant foi, courage et détermination! Ressentez en vous l'amour de la vie et tout ira mieux, votre intériorité se colorera de la tendresse que vous avez pour vous-même et vos pensées deviendront alors des jolis petits papillons colorés aux ailes de fée!

Pour conclure ce voyage vers vous-même, je tenais cher lecteur, à vous offrir le spectacle de cette créativité en action, autour de nous. Il suffit pour le percevoir de se connecter à la Nature qui vous entoure et qui témoigne de la magie de son mouvement incessant, en ressentant toutes ses bonnes vibrations. C'est à travers cette communion que nous vivons la fusion des éléments qui s'entrelacent pour nous communiquer l'énergie puissante qui se dégage à chaque seconde, pour nous prouver à quel point créer sa vie est possible. C'est à la lumière de cette oeuvre magistrale et pourtant tellement éphémère que l'Histoire de l'humanité s'écrit durablement pour notre plus grande admiration. Nous nous devons de la respecter comme nous nous devons de nous respecter à chaque instant! La créativité est l'or de la vie!

Fragment poétique: Le bouquet final

La beauté de la nature comme source d'inspiration.

La montagne souveraine se dresse majestueuse en rempart devant mes yeux respectueux. De petits sillons laissés par la danse lente et sensuelle des cascades se dessinent ondulant le long de ses flancs. Ce tableau unique n'appartient qu'à la reine de l'expressivité qu'est notre dame Nature, celle qui sait si bien sublimer ses paysages pour nous subjuguer des ondoiements de son inspiration.

De même, le ciel, couverture du monde s'étire dans ses délires sans se lasser de taquiner les nuages qui batifolent au gré du vent pour caracoler dans une course folle vers nulle part. Splendide, il se pare des couleurs miroitantes de l'astre qui luit et qui l'éclaire de sa lumière radieuse. Il peut faire le fier car nul ne peut l'égaler et dessiner aussi parfaitement ce panorama divin.

Jaillissant des entrailles de la terre, la lave rugissante, trouve son chemin pour exister, elle serpente crachant ses langues de feu pour mieux avancer et ainsi rejoindre pour l'éternité l'océan qui l'attend pour l'apaiser. Ensemble, ils célèbrent le mariage du feu et de l'eau cristallisant ainsi leur fusion dans un nuage de fumée qui loin d'éteindre la passion laissera une empreinte indélébile qui marquera le temps et officialisera à jamais leur union. La nature signe son œuvre et la nomme éruption volcanique.

Ainsi, lorsqu'on prend le temps d'arrêter un instant nos activités pour contempler le spectacle continu que nous offre la nature, on découvre les beautés éternelles d'un trésor infini et inépuisable. La déesse de la vie n'est jamais lasse de nous émerveiller. Elle rayonne dans tous ses éclats de rire, de joie ou de colère. Parfois, elle nous effraie, lorsqu'elle tempête et qu'elle rage. Parfois, elle nous séduit quand elle donne naissance à un paysage tendre et romantique. Parfois, elle nous attriste quand elle se dépouille de sa splendeur. Elle n'a jamais peur de s'exprimer.

C'est dans la communion sacrée avec cette haute divinité que l'Homme puise son inspiration, petit devant elle. Il s'incline pour aller cueillir en lui "le plus grand de soi" pour l'honorer. Il se prosterne à ses pieds pour lui faire l'offrande de tous les chefs d'œuvre qu'il crée. Elle est sa Muse.
Avec elle, il ne craint pas d'exister car il a pour mission de la transcender. Elle nourrit son expressivité qui élargit l'espace qui l'entoure, qui le colore de toutes les nuances qui se déclinent à l'infini, qui l'anime de toutes les formes et de toutes les saveurs. Elle orchestre aussi sa créativité avec les bruits qui l'éveillent et les parfums qui l'enivrent.
Il est elle et elle est lui: l'union de deux forces de vie.

L'or de notre corps, notre terre d'or célèbre ce magnifique duo d'éternité.

Alors pour vivre votre vie toute en expressivité, laissez la nature faire son œuvre à l'intérieur de vous et ouvrez-vous enfin à sa vérité... Il est temps de commencer, vous êtes sur la bonne voie, transformez l'or de votre corps en le plus beau de tous les joyaux et offrez-le en cadeau à l'humanité pour l'éternité de l'universalité...

La créativité est l'or de votre vie!

La puissance de votre créativité

Comment apaiser vos souffrances grâce à votre expressivité en devenant le créateur de votre existence?

Pour conclure cette réflexion sur le pouvoir de la créativité qui est à activer en vous, il est nécessaire de comprendre que réussir à s'accompagner dans les difficultés de la vie grâce à un soutien plus expressif et permanent vous permettra de transcender vos souffrances pour concrétiser toutes vos aspirations sans vous limiter dans vos intentions personnelles.

Dans la vie, vous vous retrouvez souvent face à des situations qui vous déstabilisent et vous laissent perplexe au point de vous dire : « *Que vais-je pouvoir faire pour surmonter cela ?* » A ce moment-là, vous ne savez pas comment gérer les émotions qui vous débordent. Vous vous laissez abattre comme découragé, vous ne savez plus à quel saint vous vouer ! D'interrogations en prises de tête, vous finissez malheureusement par baisser les bras trop vite tellement tout vous paraît compliqué !
Alors, vous tournez en rond dans votre tête, vous vous tournez aussi vers les autres mais ils ont dû mal à vraiment vous comprendre sans vous juger alors que vous ne souhaitez qu'un peu de réconfort, de compassion et de chaleur. Tout cela vous agite, vous inquiète, et vous désespère... Et au final, vous vous arrêtez comme pétrifié pour pleurer toutes les larmes de votre corps et pour gémir sur vos malheurs. Vous vous sentez victime sans recours de ce terrible parcours, comme si la Terre entière était contre vous, comme si tout convergeait pour vous faire du mal.

D'orages en tempêtes, de tourments en questionnements, vous traversez alors comme un long tunnel noir où vous avez l'impression d'être vaincu avant même d'avoir commencé à lutter !

Et si vous appreniez à mettre du baume sur vos souffrances!

Souffrir n'est pas une finalité en soi. Il n'est pas normal d'avoir mal ! Bien sûr, selon les situations les plus graves, il est fortement conseillé de se faire accompagner par un professionnel de santé pour recevoir l'aide appropriée et surmonter les pires souffrances. Mais, la plupart du temps, lorsque tout s'accumule jusqu'à créer un chagrin intérieur en vous, comme si vous étiez redevenu un tout petit enfant sans défense, il est nécessaire de creuser un peu plus au fond de vous, pour tenter de trouver du réconfort ailleurs, pas si loin, juste là en vous, là où se trouve votre force illimitée qui est un véritable point d'appui pour vous aider à avoir un peu de réconfort!

Il est important d'apprendre à vous connecter à votre intériorité, ce lieu imperturbable fait de matière et de mouvement dans votre espace corporel, bien au-delà de vos émotions et de vos pensées.

En plongeant dans votre silence intérieur, en vous recentrant sur vous-même et en vous sortant des agitations extérieures, vous allez ressentir ce mouvement de vie à la fois lent et rythmé, qui contient en lui tout le sens même de votre existence à travers les sensations qui émergent, pour vous apaiser même quand tout vous paraît perdu d'avance ! Vous allez ainsi transformer tout ce qui vous perturbe pour devenir vous-même l'encrier précieux de votre inspiration. Là où en plongeant juste votre plume, vous allez apprendre à mieux vous aimer, à vous respecter et à vous adapter en accueillant ce qui est à vivre grâce à la force qui vient de votre cœur. Cela vous permettra de décrire précisément la résonance de vos tourments jusqu'à vous en libérer à travers des intentions de paix, d'amour et d'harmonie !

Plus vous mettrez vos maux en mouvement, plus vous développerez cette capacité à tout dépasser et à tout accepter pour vous projeter à chaque fois vers le sens profond des enseignements, afin de mieux comprendre vos souffrances pour les dépasser vraiment, et apprendre à vous réparer grâce au baume de la créativité sur vos blessures de vie!

Écrire permet de vous libérer de vos souffrances !

Le pouvoir de l'écriture réside dans la capacité à décrire précisément ce qui fait souffrir, à travers l'intensité des mots qui se libère de la cage de non-dits pour enfin exprimer ce qui vous fait si mal. Laisser se dessiner sur la page toutes les sensations : l'oppression, l'appréhension, la douleur, les incompréhensions, les trahisons.

Trouver les mots justes pour parler de vous, juste les sentir naître au creux de vous sans avoir à réfléchir, les voir se déposer en ribambelle, en ritournelle les uns après les autres, laisser couler sur la page ce flot continu qui circule de votre cœur jusqu'aux lignes qui se noircissent pour expliquer vos pensées troublées, vos points d'interrogation, vos points de suspension... A travers des phrases inachevées, ressentir la tension palpable qui pulse la cadence de tous ces maux qui se traduisent en mots, qui se bousculent au portillon de vos désillusions, de vos déceptions et qui laissent s'échapper un tourbillon d'émotions mal contenues !

Écrire, pour laisser respirer les mots sur la page, pour laisser couler le flow de la vie dans la douceur de l'instant. Écrire pour faire arrêt sur image, sur une émotion, sur une sensation, sur un sentiment. Décoder ce qui émerge comme inspiration à travers des mots de vie, des photos instantanées de ce qui est en vous, pour décrire l'épaisseur et la vérité du Monde et laisser agir ce bien-être pour renaître à vous.

Écrire pour revenir à ce qui est essentiel quand les mots s'auréolent de la chaleur exquise qui se diffuse pour vous faire grandir de vos difficultés, pour goûter ainsi à la sensation d'être pleinement vivant. Lorsque vous ressentez cette force qui s'anime dans votre intériorité, celle qui met en mouvement vos résistances. C'est votre Muse intérieure, celle qui fait bouger vos immobilités, pour devenir un bel élan, dans le désir toujours plus grand de mieux vous connaître pour exister pleinement et apprendre à créer votre vie.

Vos mots résonneront de cette belle intention de vous tourner vers vous-même enfin, pour devenir le philosophe de votre vie...

Écrire est à la portée de tous quand on n'a pas peur de guérir!

Plus on comprend les vertus de l'écriture, plus on répond à son invitation pour aller à la rencontre de soi à travers les émotions qui jalonnent notre vie, on apprend ainsi à vivre plus grand, et à résoudre les chagrins intérieurs qui nous empêchent de nous épanouir.

L'écriture permet de prendre conscience de ce qui nous échappe. Relire les mots écrits a un effet guérisseur qui permet d'apprendre de soi, de ses stratégies, de ses évitements pour se mettre en action et relever le défi de s'accompagner pour aller mieux. Les mots se font l'écho vibrant de ce qu'il nous faut vraiment pour vivre différemment.

Écrire permet de filtrer ce qui ne nous convient plus et ce qui ne nous appartient pas. On est souvent surpris de ce qui peut naître de l'écriture libre qui se déploie sur la page. Il n'y a plus de retenue. Rien ne peut être contenu, déguisé, caché ! On y découvre des voies de passage pour traverser les obstacles, pour se relever, pour se sentir plus ancré et plus impliqué dans sa vie!

Dialoguer avec soi-même est un acte enchanteur où l'on s'apprivoise, on se réconforte, on s'analyse et on se découvre ! Écrire peut aussi créer une relation à autrui, si on partage nos témoignages, nos confessions, nos découvertes,…!
On verra que bien souvent, d'autres ont également à vivre les mêmes problématiques que nous et cela crée comme un écho réconfortant. Quand on écrit sur nos souffrances, c'est comme si on les mettait à distance pour mieux les regarder en face, et pour trouver comment les surmonter. On arrête de se voiler la face, on sort du déni. On passe à l'action pour laisser les mots nous entraîner vers les solutions disponibles !

Il ne faut pas craindre de manquer de mots ou de ne pas trouver les mots justes, le pouvoir de l'intention demeure un excellent guide pour débuter et il ouvre la voie à la libération des mots sur la page. Il est impératif de suivre un rythme d'écriture assez fréquent pour aller au bout de ce qui vous pèse ! Écrivez, puis lisez à haute voix, pour vous-même, pour les autres. Écoutez la résonance de cette vibration jusque dans vos cellules. Soyez fier de ce que vous écrivez, sortez de l'auto-jugement, ressentez simplement la petite vibration de joie qui vous inonde, la douce chaleur qui émane de votre cœur pour déborder vers l'extérieur. Vos mots sont nourris de votre amour pour vous-même et de votre envie de trouver la solution pour vous guérir de vos peines. Elle est là, cette solution, n'en doutez pas là en dessous de vos maux, cueillez-la à l'aide de vos mots.

Osez-vous libérer de la souffrance de vos chagrins intérieurs en écrivant ce qui vous fait souffrir.

Moi, j'aime offrir mes mots pour alléger les maux. Pour faire pousser des petites graines d'amour au cœur de chacun, au cœur de tous. Si vous avez besoin d'aide pour vous lancer, à votre tour, n'hésitez pas à me contacter.

Note et référence sur La Psychopédagogie Perceptive Méthode Danis Bois dont je fais référence dans ce livre.

Tout dabord, je tiens à adresser mes sincères et chaleureux remerciements à Danis Bois , fondateur de cette formidable méthode d'accompagnement à médiation corporel le qui permet de développer la perception et la conscience de soi. De même, je renouvelle toute ma gratitude à ma formatrice sur l'île de la Réunion, Barbara , qui a su si bien m'initier, m'accompagner et me transmettre sa passion et m'apprendre à renouveler mon rapport à moi-même grâce aux outils de cette fabuleuse méthode.

Pour plus d'informations sur Danis Bois et sur la Psychopédagogie perceptive

Je vous invite à consulter en ligne **le site du CERAP** *(Centre d'Études et de Recherches appliquées en Psychopédagogie perceptive). Vous y découvrirez tous les renseignements nécessaires pour mieux comprendre les principes de la psychopédagogie perceptive qui repose avant tout sur la place centrale du corps et la perception du mouvement interne dans le processus d'apprentissage et de changement personnel pour réussir à déployer son expressivité afin d'aller vers plus d' épanouissement créatif et une meilleure santé globale.*

Mes remerciements vont aussi tout particulièrement à toutes les personnes que je côtoie et qui nourrissent à chaque instant mon inspiration. A tous ces messagers de lumière que j' ai la chance de croiser sur mon chemin de vie : à vous tous, je vous adresse ma gratitude infinie! Je vous aime ! Merci d'exister!

N'hésitez pas à venir me retrouver sur mon blog en ligne : *<http://mesmotsdevie.fr/>* ***ou envoyez-moi vos messages sur mon adresse mail :*** *<ligdamismaryse@gmail.com>*
Découvrez *<La créativité est l'or de la vie>* ***sur youtube et sur instagram (bonus : vidéos et mises en scène créatives...à venir bientôt)***

Notes personnelles

Notes personnelles